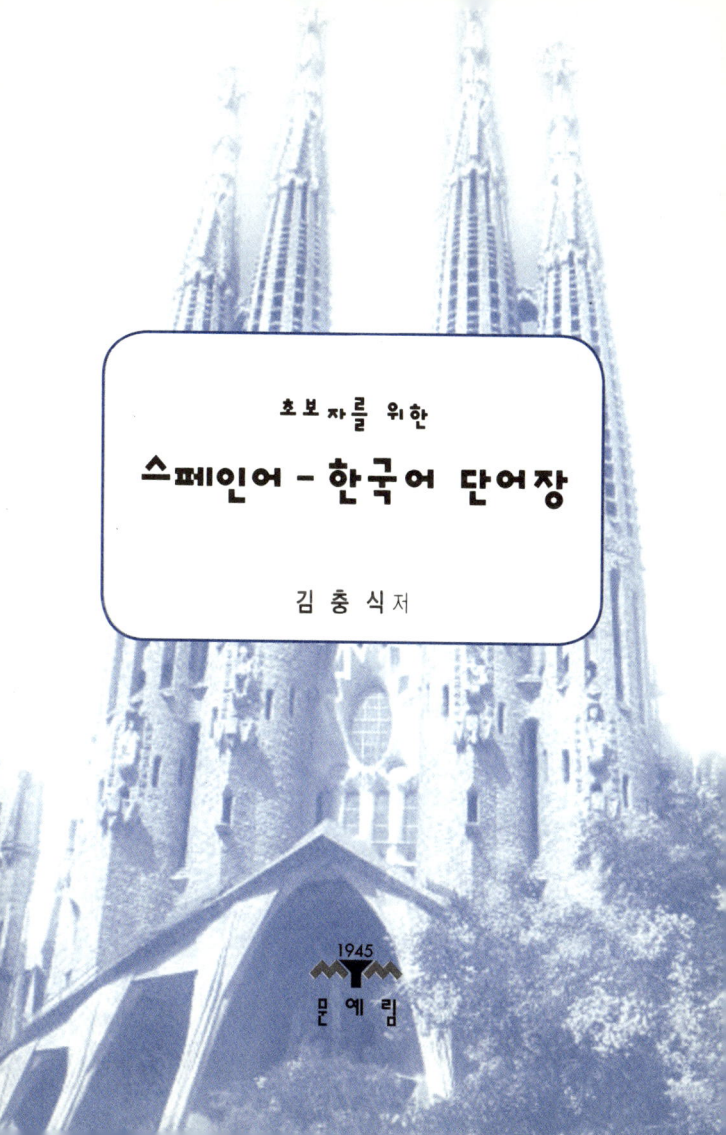

초보자를 위한
스페인어 - 한국어 단어장

김충식 저

문예림

초보자를 위한
스페인어 - 한국어 단어장

초판 1쇄 발행 | 2009년 9월 25일
초판 2쇄 발행 | 2013년 2월 25일

저　자 | 김충식
발행인 | 서덕일
발행처 | 도서출판 문예림
출판등록 | 1962년 7월 12일 제 2-110호
주소 | 서울 광진구 군자동 1-13호 문예하우스 101호
전화 | 02-499-1281~2
팩스 | 02-499-1283
http://www.BOOKMOON.co.kr
E-mail : book1281@hanmail.net

· 잘못된 책은 구입하신 서점에서 교환하여 드립니다.
· 저자와의 협의에 의해 인지를 생략합니다.

ISBN 978-89-7482-498-3(13770)

머 리 말

　21세기는 바야흐로 여행의 세기라 해도 과언이 아닐 정도로 이제 지구촌 어느 곳이고 우리나라 사람들이 가지 않은 곳이 없다. 스페인은 말할 것도 없고 중남미의 오지까지도 마치 안방 드나들 듯하고 있는 것이다. 우리가 어느 나라를 여행하건 그 나라의 역사와 풍습 등을 연구하고 가면 좋지만 그러기는 어려울지 모른다. 그러나 그 나라의 언어는 최소한의 말만이라도 익혀 가면 여행의 맛이 더할 것이다. 이러한 취지에서 본 저자는 앞서「스페인 여행 단어장」을 집필한 바가 있고, 이번에는「스페인어-한국어 단어장」을 쓰게 되었다. 스페인어 여행 단어장(한국어-스페인어)과 더불어 여행자들이 지참하기 편하게 만들었으므로 여행자들이 스페인 어 사용 국가의 여행을 할 때 많은 도움이 되리라 믿는다. 아무쪼록 이 두 단어장이 여러분의 스페인이나 중남미 제국을 여행하는데 큰 힘이 되길 바란다.

김 충 식

약자 풀이

- 갑 interjección 감탄사
- 남 sustantivo masculino 남성 명사
- 남여 sustantivo masculino y femenino 남성 및 여성 명사
- 대 pronombre 대명사
- 복 sustantivo plural 복수 명사
- 부 adverbio 부사
- 여 sustantivo femenino 여성 명사
- 자 verbo intransitivo 자동사
- 전 preposición 전치사
- 접 conjugación 접속사
- 타 verbo transitivo 타동사
- 형 adjetivo 형용사
- 재귀 verbo reflexivo 재귀 동사
- inf. 동사원형(infinitivo)

차례

머리말 ·································· 3
약자 풀이 ······························ 4
A ·· 7
B ······································· 37
C ······································· 51
D ····································· 103
E ····································· 141
F ····································· 177
G ···································· 193
H ···································· 205
I ····································· 217
J ····································· 241
K ···································· 247
L ····································· 250
M ···································· 263
N ···································· 291
O ···································· 303
P ····································· 315
Q ···································· 353
R ···································· 359
S ····································· 377
T ····································· 399

차례

- U 417
- V 421
- W 435
- Y 437
- Z 438

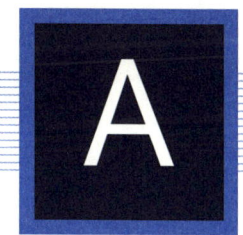

abajo 튀 아래로, 아래에 아바호	abismo 남 심연 아비스모
abandono 남 포기 아반도노	ablandar 타 부드럽게 하다 아블란다르
abarcar 타 품다 아바르까르	abogado, da 남여 변호사 아보가도, 다
abastecer 타 보급하다 아바스떼세르	aborrecer 타 혐오하다 아보레세르
abeja 여 (곤충) 벌 아베하	abotonar 타 단추를 채우다 아보또나르
abierto, ta 형 열린 아비에르또, 따	abrasar 타 굽다 아브라사르
Abierto [게시] 열려 있음 아비에르또	abrazar 타 껴안다, 포옹하다 아브라사르

a   전 …에게, 로, 으로, 를, 을; 에
아

abandonar   타 버리다, 포기하다
아반도나르

abastecimiento   남 보급, 공급
아바스떼시미엔또

abonar   타 불입하다; 비료를 주다
아보나르

abonarse   재귀 예약하다, 구독하다
아보나르세

abrazo 아브라소	남 포옹	abrir la puerta 아브리르 라 뿌에르따	문을 열다
abrelatas 아브렐라따스	남 깡통따개	abstracto, ta 압스뜨락또, 따	형 추상적인
abrigar 아브리가르	타 보호하다	abuela 아부엘라	여 할머니
abrigo 아브리고	남 오바	abuelo 아부엘로	남 할아버지
abril 아브릴	남 4월	abuelos 아부엘로스	남복 조부모(祖父母)
abrir 아브리르	타 열다	abundancia 아분단시아	여 풍부함

abreviar
아브레비아르
  타 요약하다; 단축하다

abreviatura
아브레비아뚜라
  여 생략형, 약어(略語)

Abra la puerta
아브라 라 뿌에르따
  문을 열어 주십시오

abrocharse
아브로차르세
  재귀 (자기 옷의) 단추를 잠그다

absolutamente
압솔루따멘떼
  부 절대로, 전혀

absoluto
압솔루또
  형 절대의, 절대적인

abundante 형 풍부한
아분단떼

aburrido, da 형 지루한
아부뤼도, 다

aburrir 타 지루하게 하다
아부뤼르

aburrirse 재귀 지루하다
아부뤼르세

acá 부 이리, 이쪽으로
아까

Ven acá. 이리 오너라
벤 아까

acabar 자타 끝나다, 끝내다.
아까바르

acceder 자 동의하다
악세데르

accesorio 남 액세서리
악세소리오

accidente 남 사고(事故)
악시덴떼

acción 여 행위, 행동, 활동
악시온

accionista 남여 주주(株主)
악시오니스따

aceite 남 올리브유, 기름
아세이떼

aceituna 여 올리브
아세이뚜나

acento 남 악센트
아센또

aceptación 여 수락
아셉따시온

aceptar 동 받아들이다
아셉따르

acera 여 보도, 인도(人道)
아세라

acercar 동 가까이하다
아세르까르

acercarse 재귀 가까이하다
아세르까르세

abundar 자 (이) 많이 있다, 풍부하다
아분다르

academia 여 아카데미, 전문학교
아까데미아

acero 아세로	남 강철	acordarse 아꼬르다르세	재귀 상기하다
ácido 아씨도	남 산(酸)	acordeón 아꼬르데온	남 아코디언
ácido, da 아씨도, 다	형 (맛이) 신	acostar 아꼬스따르	타 눕히다
acierto 아씨에르또	남 적중	actitud 악띠뚣	여 태도

acomodador, ra 아꼬모다도르, 라   남여 극장 안내원

acompañar 아꼼빠냐르   타 동반[동행]하다

Te acompañaré 떼 아꼼빠녜레   너를 따라가겠다

acompañamiento 아꼼빠냐미엔또   남 동반, 동행

acondicionador 아꼰디씨오나도르   남 에어컨(디셔너)

aconsejar 아꼰세하르   타 권고하다, 조언하다, 충고하다

acordar 아꼬르다르   타 정하다, 결정하다

acostarse 아꼬스따르세   재귀 눕다, 잠자리에 들다

| acto 악또 | 뗭 행위 | actualmente 악뚜알멘떼 | 뿐 현재, 지금 |

en el acto 즉시
엔 엘 악또

acumular 뗭 축적하다
아꾸물라르

actor 뗭 남자 배우
악또르

acusación 예 비난; 고발
아꾸사씨온

actriz 예 여자 배우
악뜨리스

acusado, da 뗭예 피고인
아꾸사도, 다

actual 형 현재의, 지금의
악뚜알

adaptación 예 적합; 각색
아답따씨온

actualidad 예 현재; 현실
악뚜알리닫

adaptar 뗭 적합하게 하다
아답따르

acostumbrado, da 형 익숙해진
아꼬스뚬브라도, 다

activo, va 형 활동적인, 활발한
악띠보, 바

acuerdo 뗭 동의; (의견의) 일치; 협정
아꾸에르도

Estoy de acuerdo 나는 동의한다
에스또이 데 아꾸에르도

acuñar 뗭 (화폐 등을) 주조하다
아꾸냐르

adelantar 뗭 추월하다, 짜 나아가다
아델란따르

| adecuado, da 형 적합한
아데꾸아도, 다 | adición 여 부가, 첨가
아디씨온 |
|---|---|
| adelanto 남 전진, 진보
아델란또 | adjetivo 형 형용사
아드헤띠보 |
| además 부 더욱이, 그밖에
아데마스 | admirable 형 감탄할 만한
아드미라블레 |
| además de ··· 이외에
아데마스 데 | admisión 여 허가, 용인
아드미씨온 |
| adentro 부 안으로
아덴뜨로 | admitir 타 허가하다
아드미띠르 |
| adiós 감 안녕!
아디오스 | adolescencia 여 사춘기
아돌레센씨아 |
| adhesivo 남 접착제
아드에씨보 | adolescente 남여 청소년
아돌레쎈떼 |

adelante   부 앞에, 앞으로, 감 들어오세요!
아델란떼

adelgazar   자 여위다, 타 가늘게 하다
아델가사르

adicionar   타 부가하다, 더하다
아디씨오나르

administración   여 관리, 경영, 행정
아드미니스뜨라씨온

administrador, ra   남여 관리자, 경영자
아드미니스뜨라도르, 라

adonde 🔹 …하는 (곳에)
아돈데

adónde 🔹 어디로, 어디에
아돈데

adopción 🔹 채용, 채택
아돕씨온

adoptar 🔹 채용[채택]하다
아돕따르

adoración 🔹 예배, 숭배
아도라씨온

¿Adónde va usted? 어디에 가십니까?
아돈데 바 우스뗃

¿Adónde vamos? 우리 어디에 갈까?
아돈데 바모스

adorar 🔹 열애하다; 예배하다
아도라르

Yo te adoro 당신을 사랑하오
요 떼 아도로

adornar 🔹 장식하다, 꾸미다.
아도르나르

adquisición 🔹 취득(물); 구입
아드끼씨씨온

adversario, ria 🔹 적, 라이벌
아드베르사리오, 리아

adorno 🔹 장식(품)
아도르노

adquirir 🔹 얻다, 입수하다
아드끼리르

aduana 🔹 세관
아두아나

aduanero, ra 🔹 세관원
아두아네로, 라

adulto, ta 🔹 성인, 어른
아둘또, 따

adverbio 아드베르비오	남 부사(副詞)	afición 아피씨온	여 취미
aéreo, a 아에레오, 아	형 공중의, 항공의	aficionarse 아피씨오나르세	재귀 좋아하다
aeropuerto 아에로뿌에르또	남 공항	afirmación 아피르마씨온	여 긍정; 단언
afecto 아펙또	남 애정	afortunado, da 아포르뚜나도, 다	형 행운의

advertencia
아드베르뗀씨아   여 경고, 주의

advertir
아드베르띠르   타 알리다, 주의하다

Vamos al aeropuerto
바모스 알 아에로뿌에르또   공항에 갑시다

afeitar 타
아페이따르   (남의) 수염을 깎아주다

Aféiteme
아페이떼메   면도 좀 해주세요

afeitarse
아페이따르세   재귀 자신의 수염을 깎다

aficionado, da   형 …을 좋아하는, 남여 애호가
아피씨오나도, 다

afirmar
아피르마르   타 긍정하다; 단언하다

| agencia 아헨씨아 | 여 대리점 | agosto 아고스도 | 남 8월 |

| agencia de viajes 여행사
아헨씨아 데 비아헤스 | agradar 아그라다르 | 자 기쁘다 |

| agente 아헨떼 | 남 대리점 직원 | agradecer 아그라데쎄르 | 타 감사하다 |

| ágil 아힐 | 형 민첩한 | agradecimiento 아그라데씨미엔또 | 남 감사 |

| agilidad 아힐리닫 | 여 민첩함 | agrario, ria 아그라리오, 리아 | 형 농지의 |

afortunadamente 아포르뚜나다멘떼 — 부 다행히

afuera 아푸에라 — 부 밖에, 밖으로. 여복 교외

agradable 아그라다블레 — 형 기분 좋은, 즐거운, 유쾌한

Se lo agradezco 셀 로 아그라데스꼬 — 감사합니다

agradecido, da 아그라데씨도, 다 — 형 감사하는

Muy agradecido 무이 아그라데씨도 — (남자가) 감사합니다

Muy agradecida 무이 아그라데씨다 — (여자가) 감사합니다

agrícola 아그리꼴라	형 농업의	**aguantar** 아구안따르	타 견디다
agricultor, ra 아그리꿀또르, 라	남여 농민	**aguardar** 아구아르다르	타 기다리다
agricultura 아그리꿀또라	여 농업	**agudo, da** 아구도, 다	형 예리한
agrio, gria 아그리오, 그리아	형 (맛이) 신	**águila** 아길라	여 독수리
agua 아구아	여 물	**aguja** 아구하	여 바늘
el agua caliente 엘 아구아 깔리엔떼	뜨거운 물	**agujero** 아구헤로	남 구멍
el agua fría 엘 아구아 프리아	찬 물	**ah** 아	감 아!
el agua tibia 엘 아구아	미지근한 물	**ahí** 아이	부 그곳에, 거기에
aguacero 아구아쎄로	남 소나기	**ahogar** 아오가르	타 질식시키다

El agua, por favor 물 좀 부탁합니다
엘 아구아, 뽀르 파보르

aguardiente 남 증류주, 소주
아구아르디엔떼

aguinaldo 남 크리스마스 선물
아기날도

ahogarse 재귀 익사하다 아오가르세	al + 동사 원형 …할 때 알
ahora 튀 지금 아오라	ala 여 날개; (모자의) 차양 알라
ahora mismo 지금 당장[곧] 아오라 미스모	alabanza 여 칭찬 알라반사
ahorita 튀 지금 곧, 당장 아오리따	alabar 타 칭찬하다 알라바르
ahorro 남 저축, 절약 아오로로	alambre 남 철사 알람브레
aire 남 공기 아이레	alargar 타 연장하다 알라르가르
ajedrez 남 서양 장기 아헤드레스	alarma 여 경보; 경계 알라르마
ajo 남 마늘 아호	alba 여 여명(黎明) 알바
al(a + el) …에게, …로 알	albañil 남 미장이 알바닐

Ahora me voy 아오라 메 보이	지금 갑니다
Hasta ahorita 아스따 아오리따	금방 오겠습니다
ahorrar 아오라르	타 저축하다, 절약하다

albaricoque 알바리꼬께	남 살구	aldea 알데아	여 촌(村)
álbum 알붐	남 사진첩, 앨범	aldeano, na 알데아노, 나	남여 촌사람
alcalde, desa 알깔데, 데사	남여 시장(市長)	alegrar 알레그라르	타 기쁘게 하다
alcázar 알까사르	남 성(城)	alegrarse 알레그라르세	재귀 기쁘다
alcoba 알꼬바	여 침실	alegre 알레그레	형 기쁜, 즐거운
alcohol 알꼬올	남 알코올	alegría 알레그리아	여 기쁨, 즐거움
alcohólico, ca 알꼬올리꼬, 까	형 알코올의	Alemania 알레마니아	여 독일

albaricoquero 남 살구나무
알바리꼬께로

albergue juvenil 남 유스호스텔
알바르게 후베닐

Me alegro de verte. 너를 만나서 기쁘다.
메 알레그로 데 베르떼

alegremente 부 즐겁게, 기쁘게
알레그레멘떼

alemán, na 형 독일의, 남여 독일 사람, 남 독일어
알레만, 나

alfabeto 알파베또	남 알파벳	almendra 알멘드라	여 아몬드
alfiler 알필레르	남 핀	almirante 알미란떼	남 제독, 해군 대장
alhaja 알아하	여 보석; 보물	almohada 알모아다	여 베개
alianza 알리안사	여 동맹	almorzar 알모르사르	자 점심을 먹다
aliento 알리엔또	남 호흡, 숨	almuerzo 알무에르소	남 점심
alimento 알리멘또	남 식품, 음식	alojamiento 알로하미엔또	남 숙박
alma 알마	여 영혼; 사람	alojar 알로하르	타 숙박시키다
almacén 알마쎈	남 창고; 백화점	alojarse 알로하르세	재귀 숙박하다, 묵다

algo 알고   대 어떤 것, 무엇인가. 부 약간, 다소

alguien 알기엔   대 누구, 어떤 사람, 누구인가

algún 알군   형 어떤 (alguno의 o 탈락형)

alguno, na 알구노, 나   형 어떤, 대 누군가, 어떤 것

alpinismo 알삐니스모	남 등산	allá 아야	부 저쪽으로, 저리
alpinista 알삐니스따	남여 등산가	allí 아이	부 저곳에, 저기
alquilar 알낄라르	타 임대하다	alubia 알루비아	여 강낭콩
alquiler 알낄레르	남 임대; 임대료	alubia morada 알루비아 모라다	팥
altar 알따르	남 제단(祭壇)	ama 아마	여 여자 주인
altavoz 알따보스	남 확성기	ama de llaves 아마 데 야베스	가정부
alto, ta 알또, 따	형 높은; 키가 큰	amabilidad 아마빌리닫	여 친절
altura 알뚜라	여 높이	amable 아마블레	형 친절한
aluminio 알루미니오	남 알루미늄	amablemente 아마블레멘떼	부 친절히
alumno, na 알룸노, 나	남여 생도, 학생	amanecer 아마네세르	자 날이 새다
alzar 알사르	타 올리다, 높이다	amante 아만떼	남여 애인
alrededor 알레데도르			부 주위에; 약, 대략

22

amapola 여 양귀비 아마뽈라	ambicioso, sa 형 야심적인 암비씨오소
amar 타 사랑하다 아마르	ambiente 남 환경; 분위기 암비엔떼
amargo, ga (맛이) 쓴 아마르고, 가	América 여 아메리카 아메리까
amarillo, lla 형 노란 아마리요, 야	americana 여 상의(上衣) 아메리까나
ambición 여 야망 암비씨온	amigo, ga 형 친한, 남여 친구 아미고, 가

Yo te amo 당신을 사랑한다.
요 떼 아모

ambos, bas 대 양자(兩者). 형 양쪽의, 쌍방의
암보스, 바스

ambulancia 여 앰뷸런스, 구급차
암불란씨아

América Central 중앙 아메리카
아메리까 쎈뜨랄

América del Norte 북아메리카
아메리까 델 노르떼

América del Sur 남아메리카
아메리까 델 수르

americano, na 형 아메리카의, 남여 아메리카 사람
아메리까노, 나

amistad 아미스딷	여 우정	anchoa 안초아	여 멸치
amo, ma 아모, 마	남여 주인	anchura 안추라	여 넓이, 폭
amor 아모르	남 사랑, 애정	andar 안다르	자 걷다
amplio, plia 암쁠리오, 쁠리아	형 넓은	andén 안덴	남 플랫폼
análisis 아날리시스	남 분석	anécdota 아넥도따	여 일화(逸話)
analizar 아날리사르	타 분석하다	ángel 앙헬	남 천사
analogía 아날로히아	여 유사; 유추	angosto, ta 앙고스또, 따	형 좁은
análogo, ga 아날로고, 가	형 유사한	anguila 앙길라	여 뱀장어
anatomía 아나도미아	여 해부(학)	ángulo 앙굴로	남 각, 각도
ancho, cha 안초, 차	형 넓은	angustia 앙구스띠아	여 불안, 고뇌

anaranjado, da 　　　　　　　　형 오렌지색의
아나랑하도, 다

anciano, na 　　　　　　　　형 늙은. 남여 노인
안씨아노, 나

anhelar 자타 절망하다 안엘라르	anteayer 부 그저께 안떼아예르
anillo 남 반지, 링 아니요	antemano 안떼마노
animación 여 활기 아니마씨온	de antemano 미리 데 안떼마노
animal 형 동물의. 남 동물 아니말	antena 여 안테나 안떼나
animar 타 생기를 돋우다 아니마르	anteojos 남복 안경 안떼오호스
aniversario 남 기념일 아니베르사리오	antepasados 남복 선조 안떼빠사도스
anoche 부 어젯밤 아노체	anterior 형 전(前)의 안떼리오르
anochecer 동 날이 저물다 아노체쎄르	antes 부 이전에, 전에 안떼스
ante 전 …의 앞에 안떼	antes (de) que … 전에 안떼스 (데) 께
anteanoche 부 그젯밤 안떼아노체	antes de comer 식전에 안떼스 데 꼬메르
ánimo 아니모	남 정신; 원기. 감 힘내라!
antes de 안떼스 데	… 전에, …하기 전에

anual 형 매년의; 일년의 아누알	apagar 타 (불을) 끄다 아빠가르
anunciar 타 알리다 아눈씨아르	Apaga la luz 불을 꺼라 아빠가 라 루스
anuncio 남 보고; 광고 아눈씨오	aparcamiento 남 주차(장) 아빠르까미엔또
añadir 타 부가하다 아냐디르	aparcar 타 주차하다 아빠르까르
año 남 해, 연; 나이 아뇨	apariencia 여 외견, 외관 아빠리엔씨아
año pasado 작년 아뇨 빠사도	apartado 남 사서함 아빠르따도
año próximo 내년 아뇨 쁘록시모	apartamento 남 아파트 아빠르따멘또

antiguo, gua 형 낡은, 오래된
안띠구오, 구아

¿Cuántos años tienes? 너 몇 살이니?
꾸안또스 아뇨스 띠에네스

aparato 남 기구, 기기, 기계, 비행기
아빠라또

aparecer 자 나타나다, 출현하다
아빠레쎄르

aparte 부 따로, 나누어; 별도로
아빠르떼

aparte de 아빠르떼 데	… 이외에는	apóstol 아뽀스똘	명 사도(使徒)
apellido 아뻬이도	명 성(姓)	apoyar 아뽀야르	타 지지하다
nombre y apellido 놈브레 이 아뻬이도	성명	apoyo 아뽀요	명 지지
apetito 아뻬띠또	명 식욕	aprecio 아쁘레씨오	명 평가; 존중
aplauso 아쁘라우소	명 박수갈채	aprender 아쁘렌데르	동 배우다
aplazar 아쁠라사르	타 연기하다	aprisa 아쁘리사	부 급히

apearse
아뻬아르세
재귀 (탈것에서) 내리다

apenas
아뻬나스
부 거의 … 아니다; 간신히, 겨우

aperitivo
아뻬리띠뽀
명 아페리티프 (식전 술)

Buen apetito
부엔 아뻬띠도
많이 드십시오

aplaudir
아쁠라우디르
타 박수갈채를 보내다

apreciar
아쁘레씨아르
타 평가하다; 존중하다

aprobación 여 승인; 합격 아쁘로바씨온		por aquí 뽀르 아끼	이쪽으로
aprobado 남 합격점 아쁘로바도		arañazo 남 긁힌 데, 할퀸 데 아라냐소	
aprovechar 타 이용하다 아쁘로베차르		árbitro 남 심판원 아르비뜨로	
aquel, lla 형 저 아껠, 야		árbol 남 나무 아르볼	
aquello 대 저것 아께요		arco 남 아치 아르꼬	
aquí 부 여기 아끼		área 여 지역, 구역 아레아	

Vamos a aprender español 스페인 어를 배웁시다
바모스 아 아쁘렌데르 에스빠뇰

aprobar 타 승인하다; 합격하다
아쁘로바르

Que aproveche 많이 드십시오.
께 아쁘로베체

aquél, lla 대 저것, 저사람; 전자
아껠, 야

¿Qué es aquello? 저것은 무엇입니까?
께 에스 아께요

árabe 형 아라비아의, 남여 아라비아 사람, 남 아랍어
아라베

arena 아레나	여 모래
aristocracia 아리스또끄라시아	여 귀족 계급
aristócrata 아리스또끄라따	남여 귀족
aristocrático, ca 아리스또끄라띠꼬, 까	형 귀족의
arma 아르마	여 무기
armada 아르마다	여 해군; 함대
armario 아르마리오	남 옷장
armonía 아르모니아	여 조화; 협조
aroma 아로마	여 향기
arpa 아르빠	여 ((악기)) 하프
arqueología 아르께올로히아	여 고고학
arquitecto, ta 아르끼떽또, 따	남여 건축가
arquitectura 아르끼떽뚜라	여 건축
arrepentirse 아레뻰띠르세	재귀 후회하다
arrestar 아레스따르	타 체포하다
arroyo 아르로요	남 개울

Argentina ((나라)) 아르헨티나
아르헨띠나

argentino, na 형 아르헨티나의. 남여 아르헨티나 사람
아르헨띠노, 나

arreglar 타 정리하다; 수리하다
아레글라르

arreglarse 재귀 정리하다, 정돈하다
아레글라르세

arroz 아르로스	남 쌀, 쌀밥, 벼	asa 아사	여 손잡이
arruga 아르루가	여 주름, 구김살	asado 아사도	남 불고기
arrugar 아르루가르	타 구김살을 만들다	asado, da 아사도, 다	형 구운
arte 아르떼	남(여) 예술; 미술	asamblea 아삼블레아	여 집회, 회의
arteria 아르떼리아	여 동맥; 간선	asar 아사르	타 굽다
artesanía 아르떼사니아	여 수공예(품)	ascensor 아센소르	남 엘리베이터
artículo 아르띠꿀로	남 항목, 기사, 물품	asearse 아세아르세	재귀 몸단장하다
artista 아르띠스따	남여 예술가	así 아씨	부 그렇게, 그처럼
arriba 아뤼바			부 위로, 위에; 위층에
ascender 아센데르			자 오르다; 승진하다
asear 아세아르			타 깨끗이 하다, 청소하다
aseo 아세오			남 청소; 몸단장; 화장실

Asia 아시아	여 아시아	astronomía 아스뜨로노미아	여 천문학
asiento 아씨엔또	남 자리, 좌석	astucia 아스뚜시아	여 교활함, 영악함
asir 아씨르	타 잡다, 붙잡다	asunto 아순또	남 일; 문제
asno 아스노	남 당나귀	asustar 아수스따르	타 놀라게 하다
aspecto 아스뻭또	남 외모	asustarse 아수스따르세	재귀 놀라다
aspiración 아스삐라씨온	여 흡입	atacar 아따까르	타 공격하다
aspirar 아스삐라르	타 흡입하다	atajo 아따호	남 지름길
astro 아스뜨로	남 천체(天體)	ataque 아따께	남 공격

cuarto de aseo 꾸아르또 데 아세오   화장실 (딸린 방)

asiático, ca 아시아띠꼬, 까   형 아시아의. 남여 아시아 사람

asistir 아씨스띠르   자 참석하다, 출석하다

astuto, ta 아스뚜또, 따   형 교활한, 영악한

atar 아따르	탁 묶다, 매다	atleta 아뜰레따	남여 운동 선수
atardecer 아따르데쎄르	자 해가 저물다	atmósfera 앋모스페라	여 대기; 분위기
ataúd 아따욷	남 관(棺)	átomo 아또모	남 원자(原子)
ataviar 아따비아르	탁 장식하다	atracción 아뜨락씨온	여 인력; 매력
ataviarse 아따비아르세	재귀 장식되다	atrás 아뜨라스	부 뒤에
atención 아뗀씨온	여 주의, 관심	atravesar 아뜨라베사르	탁 횡단하다
aterrizaje 아떼르리사헤	남 착륙	atrevido, da 아뜨레비도, 다	형 대담한
aterrizar 아떼르리사르	자 착륙하다	atroz 아뜨로스	형 잔인한

atlántico, ca   형 대서양의. 남 대서양
아뜰란띠꼬, 까

atómico, ca   형 원자(原子)의
아또미꼬, 까

atractivo, va   형 매력적인, 남 매력
아뜨락띠보, 바

atreverse   재귀 (a + 동사 원형) 감히 …하다
아뜨레베르세

atún 아뚠	남 참치, 다랑어	**aumentar** 아우멘따르	타 증가하다
audacia 아우다씨아	여 대담함	**aumento** 아	남 증가, 증대
audaz 아우다스	형 대담한	**aun** 아운	부 조차
audiencia 아우디엔씨아	여 법정; 청중	**aún** 아운	부 아직
audiovisual 아우디오비수알	형 시청각의	**ausencia** 아우센씨아	여 부재(不在)
auditorio 아우디또리오	남 청중; 강당	**ausente** 아우센떼	형 부재의, 결석의
auge 아우헤	남 절정	**autobús** 아우또부스	남 버스
aula 아울라	여 교실, 강당	**automático, ca** 아우또마띠꼬, 까	형 자동의

aunque 아웅께   접 …이지만; 설령 …일지라도

auricular 아우리꿀라르   남 수화기; 인터폰

auto 아우또   남 자동차 (automóvil의 생략형)

autocar 아우또까르   남 장거리 버스, 관광 버스

automóvil 아우또모빌	남 자동차	autorizar 아우또리싸르	타 인가하다
autonomía 아우또노미아	여 자치(권)	auxilio 아우실리오	남 원조, 구원
autónomo, ma 아우또노모, 마	형 자치의	avanzar 아반사르	자 전진하다
autopista 아우또삐스따	여 고속 도로	ave 아베	여 새
autor, ra 아우또르, 라	남여 작가	avellana 아베야나	여 개암
autorización 아우또리사씨온	여 인가	aventura 아벤뚜라	여 모험

autoestop 아우또에스똡   남 자동차 편승 여행

autoridad 아우또리닫   여 당국, 권력; 권위

autostop 아우또스똡   남 자동차 편승 여행

avaro, ra 아바로, 라   형 인색한, 욕심 많은

avenida 아베니다   여 가로수길, 가로, …가(街)

aventurarse 아벤뚜라르세   재귀 모험을 하다

avería 여 고장, 손상 아베리아	ayudante, ta 남여 조수 아유단떼, 따
averiguar 타 조사하다 아베리구아르	ayudar 타 돕다, 도와 주다 아유다르
aviación 여 항공, 비행(술) 아비아씨온	ayudarse 재귀 스스로 돕다 아유다르세
avión 남 비행기 아비온	azafata 여 스튜워드 아사파따
avisar 타 알리다, 보고하다 아비사르	azúcar 남 설탕 아수까르
aviso 남 알림, 통보, 보고 아비소	azufre 남 유황 아수프레
ayer 부 어제 아예르	azul 형 푸른 아술
ayuda 여 도움, 협력, 조력 아유다	azulejo 남 타일 아술레호

avergonzar　　　　　　　타 부끄럽게 하다
아베르곤사르

Ayúdeme　　　　　　　저를 도와 주십시오
아유데메

ayuntamiento　　　　　　남 시청; 시의회
아윤따미엔또

bacalao 남 ((어류)) 대구 바깔라오	planta baja 아래층, 1층 쁠란따 바하
bahía 여 만(灣) 바이아	bala 여 탄환 발라
bailar 자타 춤추다 바일라르	balance 남 결산; 잔고 발란세
bailarín, na 남여 발레 댄서 바일라린, 리나	balanza 여 저울 발란사
baile 남 춤, 발레 바일레	balcón 남 발코니 발꼰
bajada 여 하락, 하강, 저하 바하다	baldosa 여 타일 발도사
piso bajo 아래층, 1층 삐소 바호	baloncesto 남 농구 발론세스또

bachiller, ra 남여 중등 교육 수료자
바치예르, 라

bachillerato 남 중등 교육 과정
바치예라또

bajar 자 내려가다, 타 내리다
바하르

bajarse 재귀 (탈것에서) 내리다
바하르세

bajo, ja 형 낮은; 키가 작은, 전 …의 아래, 부 낮게
바호, 하

ballena 바예나	여 고래	bañar 바냐르	타 목욕시키다
bambú 밤부	남 대나무	bañarse 바냐르세	재귀 목욕하다
banco 방꼬	남 은행; 벤치	bar 바르	남 바, 주점
banda 반다	여 밴드, 악단	baraja 바라하	여 트럼프 (한 벌)
bandeja 반데하	여 쟁반	barato, ta 바라또, 따	형 값이 싼
bandera 반데라	여 기(旗)	barba 바르바	여 수염
banquete 방께떼	남 향연	barbero, ra 바르베로, 라	남여 이발사

balón
발론
남 (큰) 공; 기구(氣球)

Banco de España
방꼬 데 에스빠냐
스페인 은행

baño
바뇨
남 목욕; 목욕물; 목욕탕

Lo barato sale caro
로 바라또 살레 까로
싼 것이 비지떡

barbaridad
바르바리닫
여 야만; 많은 양

barca 바르까	여 소형 배
barco 바르꼬	남 배, 선박
en barco 엔 바르꼬	배로, 배를 타고
barniz 바르니스	남 니스
barra 바르라	여 막대기, 몽둥이
barrio 바르리오	남 구역, 지역, 촌
¡Qué barbaridad! 께 바르바리닫	지독하군요!
Barcelona 바르셀로나	((지명)) 바르셀로나
dos barras de pan 도스 바르라스 데 빤	빵 두 개
barrera 바르레라	여 울타리, 바리케이트
básico, ca 바씨꼬, 까	형 기초의; 기본의
bastante 바스딴떼	형 충분한, 상당한, 부 충분히, 상당히, 매우
base 바세	여 기지; 기초
bastar 바스따르	동 충분하다
bastón 바스똔	남 지팡이
basura 바수라	여 쓰레기
basurera 바수레라	여 쓰레기통
bata 바따	여 가운

| batalla 여 전투, 싸움
바따야 | salón de belleza 미장원
살론 데 베예사 |
|---|---|

batería 여 전지, 배터리
바떼리아

bello, lla 형 아름다운
베요, 야

baúl 남 트렁크
바울

bellas artes 여복 미술
베야스 아르떼스

bautismo 남 세례
바우띠스모

bendecir 타 축복하다
벤데씨르

bautizar 타 세례를 주다
바우띠사르

bendición 여 축복
벤디씨온

beber 자타 마시다
베베르

bendito, ta 형 축복 받은
벤디또, 따

bebida 여 음료, 마실 것
베비다

beneficio 남 이익; 은혜
베네피씨오

beca 여 장학금
베까

benéfico, ca 형 자선의
베네피꼬, 까

becario, ria 남여 장학생
베까리오, 리아

besar 타 입맞추다
베사르

béisbol 남 야구
베이스볼

beso 남 입맞춤, 키스
베소

belleza 여 미(美); 미녀
베예사

bestia 여 짐승, 가축
베스띠아

benigno, na 형 온화한, 인자한
베니그노, 나

Biblia 비블리아	여 성서	bigote 비고떼	남 콧수염
Santa Biblia 산따 비블리아	성서	billete 비예떼	남 표; 지폐
biblioteca 비블리오떼까	여 도서관	biografía 비오그라피아	여 전기(傳記)
bicicleta 비씨끌레따	여 자전거	biología 비올로히아	여 생물학
bidé 비데	남 비데 (국부 세척용)	biquini 비끼니	남 비키니
bienestar 비엔에스따르	남 복지; 안락	bisté 비스떼	남 =bistec
bienvenida 비엔베니다	여 환영	bistec 비스떽	남 비스테이크

bien   부 잘, 남 선(善), 남 복 재산(財産)
비엔

bienvenido, da   형 환영합니다, 잘 오셨습니다
비엔베니도, 다

Bienvenido a Corea   방한을 환영합니다
비엔베니도 아 꼬레아

Bienvenidos a bordo   탑승을 환영합니다
비엔베니도스 아 보르도

blanco, ca   형 흰, 남 흰색; 공백; 표적
블랑꼬, 까

bloque 블로께	남 블록, 권(圈)	**bofetada** 보페따다	여 따귀를 때림
blusa 블루사	여 블라우스	**boina** 보이나	여 베레모
boca 보까	여 입	**bola** 볼라	여 공, 구슬
bocacalle 보까까예	여 거리 입구	**bolera** 볼레라	여 볼링장
bocadillo 보까디요	남 샌드위치	**boletín** 볼레띤	남 회보, 공보
bocado 보까도	남 한 입, 한 모금	**bolígrafo** 볼리그라포	남 볼펜
boda 보다	여 결혼, 결혼식	**Bolivia** 볼리비아	((국명)) 볼리비아
bodega 보데가	여 술창고	**bolo** 볼로	남 볼링

  blando, da 형 연한, 부드러운
  블란도, 다

  bobo, ba 형 우둔한, 바보의
  보보, 바

  bacadillo de calamar 오징어 샌드위치
  보까디요 데 깔라마르

  dar una bofetada 따귀를 때리다
  다르 우나 보페따다

bolsillo 볼씨요	남 호주머니	bombilla 봄비야	여 전구
bolso 볼소	남 핸드백	bombón 봄본	남 봉봉 과자
bombero 봄베로	남 소방사	bondad 본닫	여 친절; 상량함

boliviano, na 볼리비아노, 나   형 볼리비아의, 남여 볼리비아 사람

bolsa 볼사   여 자루, 봉투; 주식 시장

bomba 봄바   여 폭탄; 펌프, [부사적으로] 굉장히, 매우, 아주

¡Lo pasé bomba!   나는 아주 잘 보냈다!
로 빠세 봄바

bombardear   타 포격하다, 폭격하다
봄바르데아르

tener la bondad de + inf.   …하여 주시다
떼네르 라 본닫 데

Tenga la bondad de sentarse   앉아 주십시오
땅가 라 본닫 데 센따르세

Tengan la bondad de abrocharse los cinturones de seguridad   안전 벨트를 매 주십시오
뗑가 라 본닫 데 아브로차르세 로스 씬뚜로네스 데 세구리닫

bordado 보르다도	남 자수(刺繡)	botella 보떼야	여 병(甁)
borde 보르데	남 가장자리, 모서리	botica 보띠까	여 약국
bordo 보르도	남 현측(舷側)	botón 보똔	남 단추
borrador 보라도르	남 초고; 지우개	bóveda 보베다	여 둥근 천장
borrar 보라르	타 (쓴 것을) 지우다	boxeador, ra 복세아도르	남여 권투 선수
borrico 보리꼬	남 당나귀	boxeo 복세오	남 권투
bosque 보스께	남 숲	bragas 브라가스	여 복 여자의 팬티

bondadoso, sa 본다도소, 사　　　형 친절한; 상냥한

bonito, ta 보니또, 따　　　형 예쁜, 아름다운

a bordo 아 보르도　　　비행기 안에, 기내에

borracho, cha 보라초, 차　　　형 술 취한, 남여 술 취한 사람

bota 보따　　　여 장화; (가죽) 술 자루

brasa 브라사	여 숯불구이	brigada 브리가다	여 여단(旅團)
a la brasa 알 라 브라사	숯불구이로	brillar 브리야르	자 빛나다
brasero 브라세로	남 화로	brillo 브리요	남 광채, 광택
Brasil 브라질	((나라)) 브라질	brindar 브린다르	자 건배하다
brazo 브라소	남 팔	brindis 브린디스	남 건배
brazo derecho 브라소 데레초	오른 팔	brío 브리오	남 활기, 활력
brazo izquierdo 브라소 이스끼에르도	왼팔	brocha 브로차	여 솔, 붓
breve 브레베	형 간단한; 잠시의	broche 브로체	남 브로치
en breve 엔 브레베	이내, 곧	broma 브로마	여 농담

brasileño, ña 형 브라질의, 남여 브라질 사람
브라실레뇨, 냐

brillante 형 번쩍이는, 남 다이아몬드
브리얀떼

brisa 여 미풍(微風), 산들바람
브리사

bronce 명 청동 브론세	buen 형 좋은, 착한, 선한 부엔
brotar 자 새순이 나오다 브로따르	bueno, na 형 좋은, 착한 부에노, 나
brote 명 싹, 순 브로떼	buey 명 (거세한) 황소 부에이
brujo, ja 남여 마법사 브루호, 하	bufanda 여 머플러 부판다
bruma 여 바다 안개 브루마	bufé, bufet 명 뷔페 부페
brutal 형 잔인한, 난폭한 브루딸	bulbo 명 구근, 알뿌리 불보
bruto, ta 형 전체의; 난폭한 브루또, 따	bulto 명 부피; 화물; 꾸러미 불또
bucear 자 잠수하다 부쎄아르	buñuelo 명 튀김 과자 부뉴엘로
buceo 명 잠수 부쎄오	buque 명 배, 선박 부께
budismo 명 불교 부디스모	burbuja 여 거품 부르부하

medalla de bronce 동메달
메다야 데 브론세

budista 형 불교의, 남여 불교도
부디스따

burla 부를라	여 조롱, 야유	busto 부스또	남 상반신; 흉상
burro 부르로	남 ((동물)) 당나귀	butaca 부따까	여 안락의자
busca 부스까	여 수색, 탐구	buzón 부손	남 우편함, 우체통
buscar 부스까르	타 찾다, 구하다		

   burlar   타 조롱하다, 야유하다
   부를라르

   en busca de   (무엇을) 찾아서
   엔 부스까 데

   Busco un banco.   나는 은행을 찾고 있다
   부스꼬 움 방꼬

C

caballa 까바야	여 ((어류)) 고등어	cacahuete 까까우에떼	남 땅콩
caballo 까바요	남 말(馬)	cada 까다	형 각각의, 낱낱의
cabaña 까바야	여 오두막	cada año 까다 아뇨	해마다, 매년
cabello 까베요	남 머리털	cada día 까다 디아	날마다, 매일
cabeza 까베사	여 머리	cada semana 까다 세마나	주마다, 매주
cabo 까보	남 곶; 끝; 밧줄	cada uno 까다 우노	각자, 저마다
cabra 까브라	여 산양	cadáver 까다베르	남 주검, 시체

caballero 까바예로   남 신사; 기사(騎士)

damas y caballeros 다마스 이 까바예로스   신사 숙녀 여러분

caber 까베르   자 들어갈 수 있다, 여유가 있다

cabina 까비나   여 (전화의) 박스; 작은 방

cable 까블레   남 케이블; 해저 전신

cadena 까데나	여 체인; 채널	cajero, ra 까헤로, 라	남여 회계 담당
cadera 까데라	여 히프	cajón 까혼	남 서랍
caer 까에르	자 떨어지다	calabaza 깔라바사	여 호박
caerse 까에르세	재귀 넘어지다	calamar 깔라마르	남 오징어
café 까페	남 커피; 카페	calamidad 깔라미닫	여 재난
café con leche 까페 꼰 레체	밀크 커피	calavera 깔라베라	여 두개골
café solo 까페 솔로	블랙 커피	calcetín 깔쎄띤	남 양말
cafetera 까페떼라	여 커피 포트	calculadora 깔꿀라도라	여 계산기
cafetería 까페떼리아	여 카페테리아	calcular 깔꿀라르	자타 계산하다
caída 까이다	여 낙하; 붕괴	cálculo 깔꿀로	남 계산
caja 까하	여 상자; 회계과	caldera 깔데라	여 보일러; 가마솥
cajero automático 까헤로 아우또마띠꼬			자동 인출기

caldo 깔도	남 수프	calificar 깔리피까르	타 평가하다
calefacción 깔레팍씨온	여 난방 장치	Cállate 까야떼	입 닥쳐라
calendario 깔렌다리오	남 달력	Callaos 까야오스	너희들 입 닥쳐라
calidad 깔리닫	여 품질; 자격	calle 까예	여 거리
cálido, da 깔리도, 다	형 더운, 뜨거운	callo 까요	남 티눈, 못
caliente 깔리엔떼	형 뜨거운	calma 깔마	여 고요함, 잔잔함
agua caliente 아구아 깔리엔떼	뜨거운 물	calmante 깔만떼	남 진정제

calefacción central 깔레팍씨온 쎈뜨랄   중앙 난방 장치

calentador 깔렌따도르   남 히터, 가열기

calentar 깔렌따르   타 데우다, 뜨겁게 하다

callar 까야르   자 침묵을 지키다, 입을 다물다, 잠자코 있다.

callarse 까야르세   재귀 입을 다물다, 잠자코 있다

calmar 깔마르	타 진정시키다
calor 깔로르	남 열; 더위
Hace calor 아쎄 깔로르	날씨가 덥다
tener calor 떼네르 깔로르	몸이 덥다
calzada 깔사다	여 차도(車道)
calzado 깔사도	남 신, 신발
calzar 깔사르	타 신발을 신기다
caluroso, sa 깔루로소, 사	형 더운; 열렬한
calvo, va 깔보, 바	형 대머리의, 남여 대머리
calzoncillos 깔손씨요스	남 복 팬티; 속바지
cambiar 깜비아르	동 바꾸다, 교환하다; 환전하다
cambio 깜비오	남 교환; 환전; 잔돈
calzarse 깔사르세	재귀 신발을 신다
cama 까마	여 침대
cámara 까마라	여 카메라
camarada 까마라다	여 동료
camarero, ra 까마레로, 라	남여 종업원
casa de cambio 까사 데 깜비오	환전소
cambista 깜비스따	남여 환전상

camello 까메요	남 낙타	camiseta 까미세따	여 속셔츠
camilla 까미야	여 담가	campana 깜빠나	여 종(鐘)
caminar 까미나르	자 걷다	campaña 깜빠냐	여 캠페인, 운동
camino 까미노	남 길	campeón 깜뻬온	남 챔피언
camioneta 까미오네따	여 소형 트럭	campo 깜뽀	남 들, 들판; 시골
camisa 까미사	여 와이셔츠	campo de recreo 깜뽀 데 뢰끄레오	운동장

Camino de Santiago 까미노 데 산띠아고   산띠아고 순례자의 길

camión 까미온   남 화물 자동차, 트럭

camisería 까미세리아   여 와이셔츠 가게

campamento 깜빠멘또   남 야영, 캠프

campanilla 깜빠니야   여 방울, 초인종

campeonato 깜뻬오나또   남 선수권 (시합)

cana 까나 — 여 백발	candidato, ta 깐디다도 — 명 입후보자
canal 까날 — 남 운하; 해협; 채널	candidatura 깐디다뚜라 — 여 입후보
canapé 까나뻬 — 남 겹 비스킷, 빵	cándido, da 깐디도, 다 — 형 순진한
canasta 까나스따 — 여 바구니	canoa 까노아 — 여 카누
cáncer 깐쎄르 — 남 암(癌)	cansancio 깐산씨오 — 남 피로, 피곤
canción 깐씨온 — 여 노래	cansar 깐사르 — 타 피곤하게 하다
cancha 깐차 — 여 (테니스) 코트	cansarse 깐사르세 — 재귀 피곤해지다

cáncer del estómago
깐쎄르 델 에스또마고 — 위암

cantar una canción
깐따르 우나 깐씨온 — 노래를 부르다

candidato a Presidente
깐디다도 아 쁘레씨덴떼 — 대통령 입후보자

cansado, da
깐사도, 다 — 형 피곤한, 지친

estar cansado
에스따르 깐사도 — 피곤하다, 지쳐 있다

cantante 남여 가수 깐딴떼	caoba 여 마호가니 까오바
cantar 자타 노래하다 깐따르	caos 남 혼돈 까오스
cántaro 남 항아리, 단지 깐따로	capa 여 망토 까빠
cantidad 여 양(量); 금액 깐띠닫	capacidad 여 용량; 능력 까빠씨닫
canto 남 노래; 가장자리 깐또	capaz 형 유능한 까빠스
caña de azúcar 사탕수수 까냐 데 아수까르	capilla 여 예배당 까삐야
cáñamo 남 삼, 대마 까냐모	capitalismo 남 자본주의 까삐딸리스모
cañón 남 대포 까논	capitalista 남여 자본가 까삐딸리스따

llover a cántaros   비가 억수처럼 내리다
요베르 아 깐따로스

caña   여 갈대; 낚싯대; 사탕수수
까냐

capital   남 자본. 여 수도(首都)
까삐딸

capitán   남 선장, 기장(機長); 대장
까삐딴

capricho 까쁘리초	남 변덕	carbón 까르본	남 석탄
cápsula 깝술라	여 캡슐	carcajada 까르까하다	여 폭소
captura 깝뚜라	여 체포	cárcel 까르쎌	여 교도소
capturar 깝뚜라르	타 잡다, 체포하다	cardenal 까르데날	남 추기경
cara 까라	여 얼굴	cardinal 까르디날	형 기본의
caracol 까라꼴	남 달팽이	carecer 까레쎄르	자 (+de) 부족하다
carácter 까락떼르	남 성격, 성질	carga 까르가	여 하물; 충전; 부담
caramelo 까라멜로	남 캐러멜	cargar 까르가르	타 싣다; 충전하다
caravana 까라바나	여 대상, 카라반	cargo 까르고	남 직무; 임무; 담당

capítulo 까삐뚤로   남 (책 등의) 장(章)

característico, ca 까락떼리스띠꼬, 까   형 특징적인, 여 특징

caramba 까람바   감 제기랄!, 빌어먹을!, 맙소사!, 저런!

caricatura 여 만화; 풍자화 까리까뚜라	carne de cerdo 돼지고기 까르네 데 쎄르도
caricia 여 애무(愛撫) 까리씨아	carne de gallina 닭고기 까르네 데 가이나
caridad 여 자선 까리닫	carné 남 신분증 까르네
cariño 남 애정 까리뇨	carnero 남 양; 양고기 까르네로
cariñoso, sa 형 사랑스러운 까리뇨소, 사	carnicería 여 정육점 까르니쎄리아
carnal 형 육체의 까르날	caro, ra 형 값비싼 까로, 라
carnaval 남 카니발 까르나발	carpintero 남 목수 까르삔떼로
carne 여 고기 까르네	carretera 여 도로 까르뗴라
carne de vaca 쇠고기 까르네 데 바까	carta 여 편지; 트럼프; 메뉴 까르따

carné de conducir 운전 면허증
까르네 데 꼰두씨르

carrera 여 경력; 과정; 궤도
까레라

carro 남 마차; ((남미)) 자동차
까로

cartel 까르뗄	남 포스터
cartelera 까르뗄레라	여 게시판
cartera 까르떼라	여 지갑, 서류 가방
cartero 까르떼로	남 우체부
cartón 까르똔	남 판지, 마분지
casa 까사	여 집
casamiento 까사미엔또	남 결혼
casar 까사르	타 결혼시키다
casarse 까사르세	재귀 결혼하다
cáscara 까스까라	여 껍질
casco 까스꼬	남 헬멧
caseta 까세따	여 움막; 탈의소
casi 까씨	부 거의; 하마터면
casino 까씨노	남 카지노
caso 까소	남 경우, 사례; 문제
casta 까스따	여 혈통

  casado, da 　　형 결혼한, 기혼의, 남여 기혼자
　까사도, 다

  casero, ra 　　형 수제(手製)의; 집에서 만든
　까세로, 라

  en caso de que 　　…할 경우에는
　엔 까소 데 께

  castaño, ña 　　형 밤색의, 남 밤나무, 여 ((열매)) 밤
　까스따뇨, 냐

castañuela 까스따뉴엘라	여 캐스터네츠	catálogo 까딸로고	남 목록, 카탈로그
castigar 까스띠가르	타 벌하다	catarro 까따르로	남 감기
castigo 까스띠고	남 벌(罰)	catástrofe 까따스뜨로페	여 대참사
castillo 까쓰띠요	남 성(城)	catedral 까떼드랄	여 성당, 교회
casual 까수알	형 우연의	catolicismo 까똘리시스모	남 천주교
casualidad 까수알리닫	여 우연	catorce 까또르세	형 14의, 남 14
por casualidad 뽀르 까수알리닫	혹시	caucho 까우초	남 고무

castellano, na 형 카스띠야의; 스페인 어의, 남 스페인 어.
까스떼야노, 나

catalán, na 형 까딸루냐(Cataluña)의, 남여 까딸루냐 사람
까딸란, 나

catedrático, ca 남여 대학 교수, 정교수
까떼드라띠꼬, 까

categoría 여 범주; 등급; 카테고리
까떼고리아

católico, ca 형 천주교의, 남여 천주교 신자
까똘리꼬, 까

caudal 남 수량(水量); 재산 까우달	cazar 타 사냥하다 까싸르
caudillo 남 수령, 지도자 까우디요	cazuela 여 토제 냄비 까수엘라
causa 여 원인, 이유 까우사	cebada 여 보리 세바다
cautela 여 주의, 조심 까우뗄라	cebo 남 사료(飼料) 세보
cautivo, va 남여 포로 까우띠보, 바	cebolla 여 양파 세보야
cavar 타 (땅을) 파다 까바르	cebra 여 얼룩말 쎄브라
caza 여 사냥 까싸	cédula 여 주민 등록증 쎄둘라
cazador 남 사냥꾼 까싸도르	ceja 여 눈썹 쎄하

caudaloso, sa 형 수량이 많은; 풍부한
까우달로소, 사

causar 타 불러 일으키다, 야기시키다
까우사르

caviar 남 캐비아 (철갑상어 알젓)
까비아르

ceder 타 양보하다, 자 굴복하다
쎄데르

célebre 쎌레브레	형 유명한	cenicero 쎄니쎄로	남 재떨이
cementerio 쎄멘떼리오	남 공동묘지	ceniza 쎄니사	여 재
cemento 쎄멘또	남 시멘트	censo 쎈소	남 국세 조사
cena 쎄나	여 저녁밥, 만찬	censura 쎈수라	여 검열; 비난
cenar 세나르	자 저녁밥을 먹다	centímetro 쎈띠메뜨로	남 센티미터

celebrar 타 개최하다, 행하다
쎌레브라르

celestre 형 하늘색의, 남 하늘색
쎌레스뜨레

celo 남 열의, 열심, 남 복 질투
쎌로

celoso, sa 형 열심인; 질투심이 강한
쎌로소, 사

cemento armado 철근 콘크리트
쎄멘또 아르마도

la Última Cena 최후의 만찬
라 울띠마 세나

tomar la cena 저녁밥을 먹다
또마르 라 쎄나

céntrico, ca 쎈뜨리꼬, 까	형 중심의
centro 쎈뜨로	남 중앙, 중심지
cepa 쎄빠	여 가문, 조상, 선조
cepillar 쎄삐야르	타 솔질하다
cepillo 쎄삐요	남 솔
cera 쎄라	여 초, 납, 왁스
cerámica 쎄라미까	여 도자기
cerca de 쎄르까 데	… 가까이
cercano, na 쎄르까노, 나	형 가까운
cerdo 쎄르도	남 돼지
carne de cerdo 까르네 데 쎄르도	돼지고기
cereal 쎄레알	남 곡물, 곡류
censurar 쎈수라르	타 검열하다; 비난하다
centavo 쎈따보	남 센타보 ((화폐 단위))
céntimo 쎈띠모	남 센티모 ((화폐 단위))
central 쎈뜨랄	형 중앙의. 여 본점, 본사; 전화국; 발전소
cerca 쎄르까	부 가까이, 여 담장, 울타리
cercanía 쎄르까니아	여 근처, 여 복 교외

cerebro 쎄레브로	男 뇌, 두뇌	cerrar la puerta 쎄롸르 라 뿌에르따	문을 닫다
cereza 쎄레사	女 버찌	cerrojo 쎄르로호	男 빗장, 걸쇠
cerezo 쎄레소	男 벚나무	certamen 쎄르따멘	男 콩쿠르
cerilla 쎄리야	女 성냥	certeza 쎄르떼사	女 확실함, 확신
cero 쎄로	男 영, 제로	cerveza 쎄르베사	女 맥주
cerradura 쎄롸두라	女 자물쇠	cesar 쎄사르	自 그만두다, 중지하다
cerrar 쎄롸르	他 닫다	césped 쎄스뻴	男 잔디

ceremonia　　　　　　　　　　女 의식, 식전(式典)
쎄레모니아

ceremonioso, sa　　　　　　　形 격식을 차린; 근엄한
쎄레모니오소, 사

cerrado, da　　　　　　　　　 形 닫힌, 닫혀진
쎄롸도

certificado　　　　　　　　　 男 증명서; 등기 우편
쎄르띠피까도

certificar　　　　　　　　　　他 증명하다; 등기로 하다
쎄르띠피까르

cesta 쎄스따	여 바구니	charla 차를라	여 이야기, 잡담
cesto 쎄스또	남 큰 바구니	chato, ta 차또, 따	형 코가 납작한
chalé 찰레	남 별장; 산장	cheque 체께	남 수표
chaleco 찰레꼬	남 조끼	chicle 치끌레	남 추잉검
champán 참빤	남 샴페인	chile 칠레	남 ((식물)) 고추
chapa 차빠	여 금속판; 엷은 판	Chile 칠레	((나라)) 칠레
chaparrón 차빠르론	남 폭우(暴雨)	chimenea 치메네아	여 굴뚝

No pisar el césped 잔디 밟지 마세요
노 삐사르 엘 쎄스뻳

chaqueta 여 (양복의) 저고리, 웃옷, 자켓
차께따

charlar 자 이야기하다, 잡담하다
차를라르

cheque de viajero 여행자 수표
체께 데 비아헤로

chico, ca 남여 소년, 소녀. 형 작은, 어린
치꼬, 까

China 치나	((나라)) 중국	choza 초사	여 오두막, 초가집
chispa 치스빠	여 불똥; 스파크	chubasco 추바스꼬	남 소나기
chocolate 초꼴라떼	남 초콜릿	chuleta 출레따	여 (소의) 갈비
choque 초께	남 충돌; 충격	chupar 추빠르	타 빨다
chorizo 초리소	남 순대, 소시지	ciclo 씨끌로	남 주기; 사이클
chorro 초르로	남 분출	ciego, ga 씨에고, 가	형 눈 먼. 남여 장님

chileno, na 칠레노, 나 — 형 칠레의. 남여 칠레 사람

chino, na 치노, 나 — 형 중국의. 남여 중국 사람. 남 중국어

chocar 초까르 — 자 부딪치다, 충돌하다

chófer, chofer 초페르 — 남 운전 기사

churro 추르로 — 남 추로 (튀김 꽈배기의 일종)

El cielo es azul
엘 씨엘로 에스 아술 — 하늘은 푸르다

cielo 씨엘로	남 하늘; 천국	cifra 씨프라	여 숫자; 암호
cien libros 씨엔 리브로스	책 백 권	cigarrillo 씨가뤼요	남 궐련
cien casas 씨엔 까사스	집 백 채	cigarro 씨가르로	남 여송연
ciencia 씨엔씨아	여 과학	cigüeña 씨구에냐	여 황새
cierto, ta 씨에르또, 따	형 확실한; 어떤	cima 씨마	여 정상
cierva 씨에르바	여 암사슴	cimiento 씨미엔또	남 기초, 토대
ciervo 씨에르보	남 사슴, 수사슴	cine 씨네	남 영화; 영화관

cien   형 100의 (명사 앞에서 to 탈락형)
씨엔

científico, ca   형 과학적인, 남여 과학자
씨엔띠피꼬, 까

ciento   남 백, 100. 형 100의, 100번째의
씨엔또

cinco   남 5, 다섯. 형 5의, 다섯의; 다섯 번째의
씽꼬

cincuenta   남 50, 쉰. 형 50의; 쉰 번째의
씽꾸엔따

cinema 씨네마	남 영화; 영화관	ciruela 씨루엘라	여 살구, 자두
cinta 씬따	여 테이프; 리본	cirugía 씨루히아	여 외과(外科)
cintura 씬뚜라	여 허리	cirujano, na 씨루하노, 나	남여 외과의사
cinturón 씬뚜론	남 혁대, 띠, 벨트	cita 씨따	여 약속, 데이트.
circo 씨르꼬	남 서커스	ciudad 씨우닫	여 도시, 시.
circuito 씨르꾸이또	남 주위; 회로	ciudadano, na 씨우다다노, 나	남여 시민
círculo 씨르꿀로	남 원; 원주; 분야	civil 씨빌	형 시민의; 민간의

Voy al cine
보이 알 씨네
나는 영화관에 간다

cinturón de seguridad
씬뚜론 데 세구리닫
안전 벨트, 안전 띠

circunstancia
씨르꾼스딴시아
여 상황, 사정

ciruelo
씨루엘로
남 살구나무, 자두나무

citar
씨따르
타 만날 약속을 하다; 인용하다

civilización 여 문명 씨빌리사씨온	clavete 남 작은 못 끌라베떼
civilizar 타 문명화하다 씨빌리사르	clavo 남 못 끌라보
clarín 남 나팔, 신호 나팔 끌라린	clérigo 남 성직자 끌레리고
clasificar 타 분류하다 끌라씨피까르	cliente, ta 남여 고객, 손님 끌리엔떼, 따
clausura 여 폐회, 폐회식 끌라우수라	clima 남 기후, 풍토 끌리마
clave 여 (문제의) 열쇠 끌라베	clínica 여 병원, 진료소 끌리니까
clavel 남 카네이션 끌라벨	club 남 클럽 끌룹

claridad 여 밝음; 맑음; 명백함
끌라리닫

claro, ra 형 밝은; 맑은, 개인; 명백한, 감 물론!
끌라로, 라

clase 여 종류; 등급; 학급; 교실
끌라세

clásico, ca 형 고전의, 고전적인
끌라씨꼬, 까

climatizado, da 형 냉난방 완비의
끌리마띠사도, 다

coacción 여 강제, 강요 꼬악씨온	cochinillo 남 새끼 돼지 꼬치니요
cocaína 여 코카인 꼬까이나	cocina de gas 가스 레인지 꼬씨나 데 가스
cobre 남 동(銅) 꼬브레	cocinar 타 요리하다 꼬씨나르
cocer 동 삶다, 요리하다 꼬쎄르	cocinero, ra 남여 요리사 꼬씨네로, 라
coche 남 자동차 꼬체	coco 남 야자, 야자나무 꼬꼬
coche de alquiler 렌터카 꼬체 데 알낄레르	codicia 여 탐욕, 욕심 꼬디씨아

cobarde 형 겁이 많은, 비겁한
꼬바르데

cobardía 여 비겁함, 겁이 많음
꼬바르디아

cobrador, ra 남여 수금원; (버스의) 차장
꼬브라도르, 라

cobrar 타 수금하다, (돈을) 받다
꼬브라르

cocido, da 형 삶은, 찐, 남 냄비 요리, 전골
꼬씨도, 다

cocina 여 부엌, 주방; 요리; 조리대
꼬씨나

código 꼬디고	남 법전, 법규; 암호	col 꼴	여 캐비지, 양배추

códgio 꼬디고 남 법전, 법규; 암호

codo 꼬도 남 팔꿈치

coexistencia 꼬엑시스뗀씨아 여 공존

coexistir 꼬엑시스띠르 자 공존하다

cofre 꼬프레 남 궤, 큰 상자

coger 꼬헤르 타 잡다, 붙잡다

cohete 꼬에떼 남 로켓

coincidir 꼬인씨디르 자 일치하다

cojín 꼬힌 남 쿠션

col 꼴 여 캐비지, 양배추

cola 꼴라 여 꼬리; 열, 줄

colaborar 꼴라보라르 자 협력하다

colar 꼴라르 타 여과하다

colcha 꼴차 여 침대 시트, 이불

colchón 꼴촌 남 방석, 요

colección 꼴렉씨온 여 수집, 컬렉션

coleccionar 꼴렉씨오나르 타 수집하다

coleccionista 꼴렉씨오니스따 남여 수집가

cojo, ja 꼬호, 하 형 절뚝거리는. 남여 절름발이

Hay una cola muy larga 아이 우나 꼴라 무이 라르가   무척 긴 줄이 서 있다

colectivo, va 꼴렉띠보, 바 형 집단의, 단체의. 남 [중남미] 승합 버스

colega 꼴레가	남여 동료, 동업자
colegio 꼴레히오	남 (사립) 학교
coliflor 꼴리플로르	여 꽃양배추
colina 꼴리나	여 언덕
colisión 꼴리씨온	여 충돌
collar 꼬야르	남 목걸이
colmar 꼴마르	타 가득 채우다
cólera 꼴레라	여 노함, 격노. 남 콜레라
colgar 꼴가르	타 걸다; 수화기를 놓다
colocación 꼴로까씨온	여 배치; 직(職), 직책
colocar el tenedor 꼴로까르 엘 떼네도르	포크를 놓다
colmena 꼴메나	여 벌통
colmillo 꼴미요	남 송곳니
colmo 꼴모	남 절정, 극한
colocar 꼴로까르	타 놓다; 배치하다
Colombia 꼴롬비아	((국명)) 콜롬비아
colonia 꼴로니아	여 식민지; 거류민
coloquial 꼴로끼알	형 구어(口語)의
colombiano, na 꼴롬비아노, 나	형 콜롬비아의. 남여 콜롬비아 사람

color 꼴로르	남 색, 빛	comarca 꼬마르까	여 지방, 지역
colorado, da 꼴로라도, 다	형 붉은	combate 꼼바떼	남 전투, 싸움
colosal 꼴로살	형 거대한	combustible 꼼부스띠블레	남 연료
columpio 꼴룸삐오	남 그네	comedia 꼬메디아	여 희극; 연극
comandante 꼬만단떼	남 지휘관	comedor 꼬메도르	남 식당; 식당방

columna 꼴룸나 — 여 원주; 기둥; (신문의) 난

coma 꼬마 — 여 콤마, 구두점, 남 혼수 (상태)

combatir 꼼바띠르 — 자타 전투하다, 싸우다

combinación 꼼비나씨온 — 여 배합, 결합

combinar 꼼비나르 — 타 배합하다, 결합하다

comentar 꼬멘따르 — 타 주석하다; 해설하다

comentario 꼬멘따리오 — 남 주석; 해설, 논평

comenzar 타 시작하다 꼬멘사르	comercio 남 상업; 무역 꼬메르씨오
comer 자타 먹다, 식사다 꼬메르	cometa 남 혜성. 여 연(鳶) 꼬메따
comercial 형 상업의. 꼬메르씨알	comienzo 남 시작 꼬미엔쏘
comerciante 남여 상인(商人) 꼬메르씨안떼	comisaría 여 경찰서 꼬미사리아

comenzar a + 동사 원형　　(무엇을) 하기 시작하다
꼬멘싸르 아

Vamos a comer　　　　　　　　　　식사합시다
바모스 아 꼬메르

comerciar　　　　　　　타 장사하다, 무역을 하다
꼬메르씨아르

comestible　　　　　형 먹을 수 있는. 남 식료품
꼬메스띠블레

cometer　　　　　　　　　　타 (죄 등을) 범하다
꼬메떼르

cómico, ca　　형 희극의, 남여 희극 배우, 코미디언
꼬미꼬, 까

comida　　　　　　　　　　여 음식, 식사; 점심
꼬미다

comisario　　　　　　　　　　남 위원; 경찰서장
꼬미사리오

comité 남 위원회 꼬미떼	compañero, ra 남여 동료 꼼빠녜로, 라
como 접 …처럼; …만큼 꼬모	compañero de clase 급우 꼼빠녜로 데 끌라세
como si 마치 …처럼 꼬모 씨	compañía 여 회사 꼼빠니아
cómo 부 어떻게 꼬모	comparación 여 비교 꼼빠라씨온
cómoda 여 옷장 꼬모다	comparar 타 비교하다 꼼빠라르

comisión 여 위임; 임무; 위원회; 수수료
꼬미씨온

Comité Olímpico Internacional 국제 올림픽 위원회
꼬미떼 올림삐꼬 인떼르나씨오날

¿Cómo se llama usted? 성함이 어떻게 되십니까?
꼬모 세 야마 우스뗃

comodidad 여 편리함, 안락함
꼬모디닫

cómodo, da 형 편리한, 편한
꼬모도, 다

compañero de armas 군 동료
꼼빠녜로 데 아르마스

compañero de escuela 교우
꼼빠녜로 데 에스꾸엘라

comparecer 타 출두하다 꼼빠레쎄르	**compendio** 남 요약 꼼쁘렌디오
compás 남 컴퍼스; 나침반 꼼빠스	**complacer** 타 기쁨을 주다 꼼쁠라쎄르
compasión 여 동정(同情) 꼼빠씨온	**complicado, da** 형 복잡한 꼼쁠리까도, 다
compartimiento 꼼빠르띠미엔또	남 (기차의) 칸
compartir 꼼빠르띠르	타 분배하다; 공유하다
compatriota 꼼빠뜨리오따	남여 동국인, 동포
compensar 꼼뻰사르	타 보상하다, 배상하다
competencia 꼼뻬뗀씨아	여 경쟁; 능력
competente 꼼뻬뗀떼	형 유능한; 자격이 있는
competir 꼼뻬띠르	타 겨루다, 경쟁하다
complejo, ja 꼼쁠레호, 하	형 복합의; 복잡한
complemento 꼼쁠레멘또	남 ((문법)) 보어

cómplice 남여 공범자 꼼쁠리쎄	comprar 타 사다, 구입하다 꼼쁘라르
comportarse 재귀 행동하다 꼼뽀르따르세	comprender 타 이해하다 꼼쁘렌데르
compositor, ra 남여 작곡가 꼼뽀씨또르, 라	comprimir 타 압축하다 꼼쁘리미르
compra 여 매입, 구입 꼼쁘라	comprobar 타 확인하다 꼼쁘로바르

completar 타 완성하다, 완전하게 하다
꼼쁠레따르

completo, ta 형 완전한; 만원의
꼼쁠레또, 따

complicar 타 복잡하게 하다
꼼쁠리까르

composición 여 작문, 작곡; 구성
꼼뽀씨씨온

componer 타 구성하다; 수리하다
꼼뽀네르

ir de compras 장보러 가다, 쇼핑 가다
이르 데 꼼쁘라스

comprador, ra 남여 매입자, 바이어
꼼쁘라도르, 라

comprensivo, va 형 이해심이 있는
꼼쁘렌씨보, 바

compuesto, ta 형 합성의 꼼뿌에스또, 따	sentido común 상식 센띠도 꼬문
computar 타 계산하다 꼼뿌따르	comunismo 남 공산주의 꼬무니스모
común 형 공통의; 보통의 꼬문	concebir 자 임신하다 꼰쎄비르

compromiso 남 약속; 계약
꼼쁘로미소

computador 남 계산기; 컴퓨터
꼼뿌따도르

computadora 여 계산기; 컴퓨터
꼼뿌따도라

comunicación 여 전달; 통신; 교통
꼬무니까씨온

comunicado 남 공식 성명; 코뮤니케
꼬무니까도

comunicar 타 전달하다, 자 연락하다
꼬무니까르

comunidad 여 공동체; 공통성
꼬무니닫

Comunidad Europea 유럽 공동체
꼬무니닫 에우로뻬아

comunista 형 공산주의의, 남여 공산주의자
꼬무니스따

| conceder 타 주다; 허용하다
꼰쎄데르 | concordancia 여 일치
꼰꼬르단씨아 |
|---|---|
| concentrar 타 집중시키다
꼰쎈뜨라르 | concretar 타 구체화하다
꼰끄레따르 |
| concepción 여 임신
꼰쎕씨온 | concreto, ta 형 구체적인
꽁끄레또, 따 |
| concepto 남 개념; 이념
꼰쎕또 | concurrir 자 집중하다
꽁꾸리르 |
| concesión 여 양보
꼰쎄씨온 | concurso 남 콩쿠르
꽁꾸르소 |
| conciliar 타 화해시키다
꼰씰리아르 | concha 여 조가비
꼰차 |
| concluir 타 끝내다, 마치다
꼰끌루이르 | conde 남 백작
꼰데 |
| conclusión 여 결론; 결말
꼰끌루씨온 | condensar 타 농축하다
꼰덴사르 |
| con
꼰 | 전 …과 함께, …을 가지고 |
| conciencia
꼰씨엔씨아 | 여 의식; 자각; 양심 |
| concienzudo, da
꼰씨엔수도 | 형 양심적인 |
| concierto
꼰씨에르또 | 남 음악회, 콘서트; 일치 |

condición 여 조건; 상태 꼰디씨온	conductor, ra 남여 운전수 꼰둑또르, 라
condimento 남 조미료 꼰디멘또	conectar 타 접속하다 꼬넥따르
conducción 여 운전 꼰둑씨온	conejo 남 집토끼 꼬네호
conducir 자타 운전하다 꼰두씨르	confección 여 제조; 작성 꼰펙씨온
conducta 여 행위 꼰둑따	confesión 여 고백; 자백 꼰페씨온
conducto 남 도관, 파이프 꼰둑또	confidencia 여 신용, 신뢰 꼼피덴씨아

condecorar　타 서훈(敍勳)하다
꼰데꼬라르

condenar　타 (형을) 선고하다
꼰데나르

condiscípulo, la　남여 동급생
꼰디씨뿔로, 라

carné de conducir　운전 면허증
까르네 데 꼰두씨르

conferencia　여 회의; 강연; 장거리 전화
꼰페렌씨아

confesar　타 고백하다; 자백하다
꼰페사르

confidencial 형 내밀의 꼼피덴씨알	**confusión** 여 혼란; 혼동 꼼푸씨온
confitería 여 과자점 꼼피떼리아	**congestión** 여 충혈; 혼잡 꽁헤스띠온
conflicto 남 분쟁 꼼플릭또	**congregar** 타 모으다 꽁그레가르
conformar 타 일치시키다 꼼포르마르	**congregarse** ((재귀)) 모이다 꽁그레가르세
confundir 타 혼동하다 꼼푼디르	**congreso** 남 회의; 국회 꽁그레소

confianza 여 신뢰; 자신; 친밀함
꼼피안사

confiar 자 [+en] (을) 신뢰하다
꼼피아르

confiscar 타 몰수하다, 압수하다
꼼피스까르

conforme 형 일치된. 부 (에) 따라
꼼포르메

conformidad 여 일치; 유사
꼼포르미닫

confuso, sa 형 혼란된; 어수선한
꼼푸소, 사

congelar 타 동결시키다; 냉동하다
꽁헬라르

conjetura 여 추측, 억측 꽁헤뚜라	conocer 타 알다 꼬노세르
conjurar 자 음모를 꾸미다 꽁후라르	conocimiento 남 지식, 앎 꼬노씨미엔또
conmemorar 기념하다 꼼메모라르	conquista 여 정복 꽁끼스따
conmigo 나와 함께 꼼미고	conquistar 타 정복하다 꽁끼스따르
conmover 타 감동시키다 꼼모베르	consecuencia 여 결과 꼰세꾸엔씨아

conjugación   여 (동사의) 활용, 변화
꽁후가씨온

conjugar   타 활용[변화]시키다
꽁후가르

conjunción   여 ((문법)) 접속사
꽁훈시온

conjunto, ta   형 결합된; 일괄된. 남 전체
꽁훈또, 따

conocido, da   형 알려진. 남여 친지, 지인(知人)
꼬노씨도, 다

conquistador, ra   남여 정복자
꽁끼스따도르, 라

consagrar   타 바치다, 봉헌하다
꼰사그라르

conserva 여 통조림 꼰세르바	consigna 여 수하물 예치소 꼰씨그나
considerable 형 상당한 꼰씨데라블레	consiguiente 남 결과 꼰씨기엔떼
consideración 여 고려 꼰씨데라씨온	consolar 타 위로하다 꼰솔라르
considerar 타 고려하다 꼰씨데라르	consonante 여 자음(子音) 꼰소난떼

consciente 형 의식하고 있는
꼰씨엔떼

conseguir 타 획득하다; 달성하다
꼰세기르

consejero, ra 남여 조언자, 고문
꼰세헤로, 라

consejo 남 충고, 조언; 심의회, 회의
꼰세호

consentir 타 동의하다, 승낙하다
꼰센띠르

conservar 타 보유하다, 보존하다
꼰세르바르

consigo [con + si] 자신과 함께
꼰씨고

consistir 자 기초를 두다; 이루어지다
꼰씨스띠르

consorcio 꼰소르씨오	閏 합동, 공동
cónsul 꼰술	閏여 영사(領事)
conspirar 꼰스삐라르	困 음모를 꾀하다
cónsul general 꼰술 헤네랄	총영사
constituir 꼰스띠뚜이르	団 구성하다
consulado 꼰술라도	閏 영사관
consuelo 꼰수엘로	閏 위로, 위안
consumir 꼰수미르	団 소비하다
constante 꼰스딴떼	閨 불변의, 견실한
constar 꼰스따르	困 분명하다, 확실하다
constipado, da 꼰스띠빠도, 다	閨 감기에 걸린. 閏 감기
constitución 꼰스띠뚜씨온	여 헌법; 구조; 체질
construcción 꼰스뜨룩씨온	여 건축, 건설
construir 꼰스뜨루이르	団 건축하다, 건설하다
consulta 꼰술따	여 상담; 진찰; 참고
consultar 꼰술따르	団 상의하다; 진찰을 받다; (사전을) 찾다

consumidor, ra 남여 소비자 꼰수미도르, 라	al contado 현금으로 알 꼰따도
consumo 남 소비 꼰수모	contagio 남 전염, 감염 꼰따히오
contacto 남 접촉 꼰딱또	contaminación 여 오염 꼰따미나씨온
contado, da 형 드문 꼰따도, 다	contaminar 타 오염시키다 꼰따미나르

consumición 여 소비, 소비물
꼰수미씨온

contagiar 타 전염[감염]시키다
꼰따히아르

contagioso, sa 형 전염성의
꼰따히오소, 사

contar 타 세다; 계산하다; 말하다
꼰따르

contemplar 타 바라보다; 심사숙고하다
꼰뗌쁠라르

contemporáneo, a 형 현대의; 동시대의
꼰뗌뽀라네오, 아

historia contemporánea 현대사
이스또리아 꼰뗌뽀라네아

contener 타 포함하다; 억제하다
꼰떼네르

contenido 명 내용, 내용물 꼰떼니도	contiguo, gua 형 이웃한 꼰띠구오, 구아
contentar 타 만족시키다 꼰뗀따르	continente 명 대륙(大陸) 꼰띠넨떼
contentarse 재귀 만족하다 꼰뗀따르세	continuar 타 계속하다 꼰띠누아르
contento, ta 형 만족한 꼰뗀또, 따	contrabando 명 밀수 꼰뜨라반도

contestación 여 대답, 회답
꼰떼스따씨온

contestar 자타 대답하다, 회답하다
꼰떼스따르

contigo [con + ti] 너와 함께
꼰띠고

continuar +「현재 분사」 계속해서 …하다
꼰띠누아르

continuar andando 계속해서 걷다
꼰띠누아르 안단도

continuo, nua 형 연속적인, 잇단
꼰띠누오, 누아

contorno 명 주위; 윤곽; ((복수)) 근교
꼰또르노

contra 전 …에 대하여, …에 반대하여
꼰뜨라

contracción 여 수축(收縮) 꼰뜨락씨온	contraste 남 대조 꼰뜨라스떼
contraer 타 수축시키다 꼰뜨라에르	contratar 타 계약하다 꼰뜨라따르
contrariar 타 반대하다 꼰뜨라리아르	contrato 남 계약 꼰뜨라또
contrastar 자 대조하다 꼰뜨라스따르	contrato laboral 노동 계약 꼰뜨라또 라보랄

en contra de …에 반(대)해서
엔 꼰뜨라 데

contradecir 타 반론하다; 모순하다
꼰뜨라데씨르

contradicción 여 반론; 모순
꼰뜨라딕씨온

contrariedad 여 방해, 장애
꼰뜨라리에닫

contrario, ria 형 반대의, 역의
꼰뜨라리오, 리아

contribución 여 기부; 공헌; 세금
꼰뜨리부씨온

contribuir 타 기부하다; 공헌하다
꼰뜨리부이르

control 남 관리, 제어; 검문소
꼰뜨롤

conveniente 형 적당한 꼰베니엔떼	convivir 자 동거하다 꼰비비르
convenio 남 협정, 협약 꼰베니오	convocar 타 소집하다 꼰보까르
convento 남 수도원 꼰벤또	cónyuge 남여 배우자 꼰유헤
convertir 타 변화시키다 꼰베르띠르	cooperación 여 협력 꼬오뻬라씨온
convicción 여 확신 꼰빅씨온	cooperar 타 협력하다 꼬오뻬라르
convidar 타 초대하다 꼰비다르	cooperativa 여 노동 조합 꼬오뻬라띠바

convencer 타 설득시키다, 납득시키다
꼰벤쎄르

convenir 자타 협정하다; 적당하다
꼰베니르

Conviene que + subj. …이 적당하다
꼰비에네 께

conversación 여 회화, 회담
꼰베르사씨온

conversar 타 대화하다, 회담하다
꼰베르사르

convocatoria 여 소집; 모집 (요령)
꼰보까또리아

copa 꼬빠	여 잔	cordillera 꼬르디야라	여 산맥
copia 꼬삐아	여 사본, 복사	cordón 꼬르돈	남 끈; 비상선
copiar 꼬삐아르	타 복사하다	coro 꼬로	남 합창; 합창단
copioso, sa 꼬삐오소, 사	형 많은	corona 꼬로나	여 관; 왕관
coraje 꼬라헤	남 용기	coronel 꼬로넬	남여 대령
corazón 꼬라손	남 마음, 심장	corporal 꼬르뽀랄	형 육체의
corbata 꼬르바따	여 넥타이	corral 꼬랄	남 가축 우리
cordero 꼬르데로	남 새끼 양	correa 꼬레아	여 혁대, 벨트
cordial 꼬르디알	형 진심의	correctamente 꼬렉따멘떼	부 정확히

una copa de vino
우나 꼬빠 데 비노   포도주 한 잔

corcho
꼬르초   남 코르크; 코르크 마개

corrección
꼬렉씨온   여 개정, 수정; 교정

correcto, ta 꼬렉또, 따	형 정확한	corrida de toros 꼬리다 데 또로스	투우
correr 꼬레르	자 달리다	corromper 꼬롬뻬르	타 부패시키다

corredor, ra 남여 주자; 브로커, 남 복도, 낭하
꼬레도르, 라

corregir 타 개정하다, 수정하다
꼬레히르

correo 남 우편, 우편물, 우체국
꼬레오

¿Por dónde se va a correos? 우체국은 어디로 갑니까?
뽀르 돈데 세 바 아 꼬레오스

correspondencia 여 교통; 서신 교환
꼬레스뽄덴씨아

corresponder 자 상당하다, 상응하다
꼬레스뽄데르

correspondiente 형 상응한; 해당되는
꼬레스뽄디엔떼

corresponsal 남여 특파원, 통신원
꼬레스뽄살

corrida 여 달리기; 경주; 투우 경기
꼬리다

corriente 형 당좌의; 흐르는; 현재의
꼬리엔떼

corrupción 여 부패; 오직
꼬룹씨온

cortaplumas 남 주머니칼
꼬르따쁠루마스

cortar 타 자르다, 재단하다
꼬르따르

las Cortes (스페인의) 국회
라스 꼬르떼스

cortés 형 예의 바른
꼬르떼스

cortesía 여 예의, 정중함
꼬르떼씨아

corteza 여 껍질
꼬르떼사

cortina 여 커튼
꼬르띠나

corto, ta 형 짧은
꼬르또, 따

cosa 여 물건; 것
꼬사

cosecha 여 수확, 수확물
꼬세차

cosechar 타 수확하다
꼬세차르

cosmético 남 화장품
꼬스메띠꼬

costa 여 해안; 비용
꼬스따

cuenta corriente 당좌 예금, 당좌 계정
꾸엔따 꼬리엔떼

cortarse 재귀 (자신의 몸에서) 자르다
꼬르따르세

cortarse las uñas 손톱을 자르다
꼬르따르세 라스 우냐스

corte 남 절단; 재단. 여 궁정
꼬르떼

cosmopolita 형 세계적인. 남여 국제인
꼬스모뽈리따

coste 꼬스떼	남 비용
costero, ra 꼬스떼로, 라	형 해안의
costo 꼬스또	남 비용, 경비
costumbre 꼬스뚬브레	여 습관, 버릇
costura 꼬스뚜라	여 재봉
cotización 꼬띠싸씨온	여 시세, 환시세
cráneo 끄라네오	남 두개골
creación 끄레아씨온	여 창조, 창조물
crear 끄레아르	타 창조하다
crecimiento 끄레씨미엔또	남 성장; 증대

a toda costa
아 또다 꼬스따
어떤 희생을 치르더라도

Costa Rica
꼬스따 뤼까
((국명)) 코스타리카

costar
꼬스따르
자 비용이 들다; 값이 …이다

¿Cuánto cuesta esto?
꾸안또 꾸에스따 에스또
이것은 얼마입니까?

costarricense 형 코스타리카의. 남여 코스타리카 사람
꼬스따뤼쎈세

costilla
꼬스띠야
여 늑골; (배의) 늑재

cotidiado, da
꼬띠디아도, 다
형 매일의, 일상의

crédito 㭐 신용; 신용 대부 끄레디또	crimen 㭐 범죄 끄리멘
carta de crédito 신용장 까르따 데 끄레디또	criminal 㭐여 죄인, 범죄자 끄리미날
creer 타 믿다, 생각하다 끄레에르	crisis 여 위기, 난국 끄리씨스
crema 여 크림 끄레마	cristal 㭐 유리; 결정체 끄리스딸
criado, da 㭐여 하인 끄리아도, 다	cristalería 여 유리 가게 끄리스딸레리아
criar 타 키우다, 기르다 끄리아르	cristianismo 㭐 기독교 끄리스띠아니스모
criarse 재귀 자라다 끄리아르세	crítica 여 비평; 비판 끄리띠까
crecer 끄레쎄르	자타 성장하다; 증대하다
creencia 끄레엔씨아	여 신용; 신념; 신앙
crepúsculo 끄레뿌스꿀로	㭐 황혼, 황혼 무렵
cría 끄리아	여 사육, 양육; (동물의) 새끼
criatura 끄리아뚜라	여 창조물; 인간; 유아

crónico, ca 형 만성적인
끄로니꼬, 까

crudo, da 형 날것의; 생(生)
끄루도, 다

cruel 형 잔인한; 가혹한
끄루엘

crujir 자 삐걱거리다
끄루히르

cruz 여 십자가; 십자형
끄루스

cruz roja 적십자
끄루스 르로하

cruzar 타 횡단하다, 건너다
끄루사르

cuaderno 남 공책
꾸아데르노

cuadra 여 마구간
꾸아드라

cuadrado, da 형 네모진
꾸아드라도, 다

cuadro 남 그림; 액자
꾸아드로

cuando 접 …할 때
꾸안도

cristiano, na 형 기독교의. 남여 기독교도
끄리스띠아노, 나

criticar 타 비평하다; 비판하다
끄리띠까르

crítico, ca 형 비평의; 비판의. 남여 비평가
끄리띠꼬, 까

crónica 여 연대기; 신문 기사
끄로니까

cruce 남 횡단; 교차; 교차점
끄루쎄

crueldad 여 잔혹함, 잔인; 혹독함
끄루엘단

| cuándo 꾸안도 | 부 언제 | cuartel 꾸아르뗄 | 남 병영(兵營) |

cual 꾸알   대 …하는. 접 …처럼, … 같이. 형 …과 같은

cuál 꾸알   대 어떤 것, 어느 것. 형 어느, 어떤

cualidad 꾸알리닫   여 특성, 특질; 성질

cualquiera 꾸알끼에라
   대 어떠한 …라도; 누구든지. 형 어떠한 …라도

¿Cuándo va usted a España?
꾸안도 바 우스뗃 아 에스빠냐
               당신은 언제 스페인에 갑니까?

cuanto, ta 꾸안또, 따   형 …하는, …하는 모든

unos cuantos, unas cuantas
우노스 꾸안또스 우나스 꾸안따스
         형 약간의. 대 …하는 모든 것

cuánto, ta
꾸안또, 따
   형 얼마나 많은. 부 얼마나. 대 얼마나 많은 사람

¿Cuánto vale esto?   이것은 얼마입니까?
꾸안또 발레 에스또

cuarenta 꾸아렌따   남 40, 마흔. 형 40의, 40번째의

cuartel general 꾸아르뗄 헤네랄	사령부
cuartilla 꾸아르띠야	여 원고 용지
cuarto de aseo 꾸아르또 데 아세오	화장실
cuba 꾸바	여 나무 통
Cuba 꾸바	((국명)) 쿠바
cubierta 꾸비에르따	여 덮개; 커버
cubo 꾸보	남 물통
cubrir 꾸브리르	타 덮다

cuarto, ta
꾸아르또, 따
　형 넷째의, 네 번째의. 남 방; 15분; 사분의 일

cuarto de baño 　　　　　목욕실, 욕실; 화장실
꾸아르또 데 바뇨

cuatro 　　　　　　　남 4, 넷. 형 4의, 네 번째의
꾸아뜨로

cuatrocientos, tas 　남 400. 형 400의, 400번째의
꾸아뜨로씨엔또스, 따스

cuba libre 　　　　　남 쿠바 리브레 (칵테일 이름)
꾸바 리브레

cubano, na 　　　　　　형 쿠바의. 남여 쿠바 사람
꾸바노, 나

cubierto
꾸비에르또
　남 수저 한 벌(수저, 포크, 나이프)); (식당 등의) 정식

cuchara 꾸차라	여 숟가락	cuerno 꾸에르노	남 뿔
cucharilla 꾸차리야	여 찻숟가락	cuero 꾸에로	남 가죽
cucharón 꾸차론	남 주걱, 국자	cuerpo 꾸에르뽀	남 몸, 신체
cuchillo 꾸치요	남 칼, 식칼	cuervo 꾸에르보	남 까마귀
cuello 꾸에요	남 목; 칼러	cuesta 꾸에스따	여 비탈길, 언덕길
cuento 꾸엔또	남 이야기; 콩트	cuestión 꾸에스띠온	여 문제
cuento infantil 꾸엔또 임판띨	동화	cueva 꾸에바	여 동굴
cuerda 꾸에르다	여 밧줄, 끈, 줄; 현	cuidado 꾸이다도	남 주의, 조심

cuenca 꾸엥까   여 분지; 협곡; 나무 주발

cuenta 꾸엔따   여 계산, 계산서; 계정; 계좌

cuenta corriente 꾸엔따 꼬쮜엔떼   당좌 계정, 당좌 예금

tresillo de cuero 뜨레씨요 데 꾸에로   가죽 응접 세트

cuidar 타 조심하다	cultivo 남 경작, 재배
꾸이다르	꿀띠보
culebra 여 뱀	cultura 여 문화; 교양
끌레브라	꿀뚜라
culpa 여 죄; 책임	cultural 형 문화의
꿀빠	꿀뚜랄
culpable 형 죄가 있는	cumbre 여 정상; 수뇌 회담
꿀빠블레	꿈브레
cultivador, ra 남여 경작자	cumpleaños 남 생일
꿀띠바도르, 라	꿈쁠레아뇨스

cuidado con los carteristas　　소매치기 주의
꾸이다도 꼰 로스 까르떼리스따스

cuidadosamente　　　　　　　부 조심해서
꾸이다도사맨떼

cuidadoso, sa　　　　　　　형 조심스러운
꾸이다도소, 사

cultivar　　　　　　　타 경작하다, 재배하다
꿀띠바르

culto, ta　　　　　　　형 교양 있는. 남 교양
꿀또, 따

¡Feliz cumpleaños!　　　생일을 축하합니다
펠리스 꿈쁠레아뇨스

cumplir　　　　　　　타 이행하다, 채우다
꿈쁠리르

cuota 꾸오따 — 여 분담금, 회비	**curso** 꾸르소 — 남 과정, 코스; 강좌
curar 꾸라르 — 타 치료하다	**curva** 꾸르바 — 여 곡선; 커브
curiosidad 꾸리오씨닫 — 여 호기심	**cutis** 꾸띠스 — 여 피부

cuñado, da 꾸냐도, 다 — 남여 매형, 형부, 매제; 형수, 처형, 처남

cura 꾸라 — 여 치료. 남 사제, 신부

curioso, sa 꾸리오소, 사 — 형 호기심이 강한

cuyo, ya 꾸요, 야 — 형 그것의, 그의, 그녀의

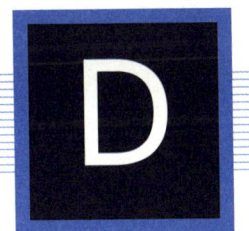

dádiva 여 선물 다디바	daño 남 손해, 손상, 상처 다뇨
dado 남 주사위 다도	dañoso, sa 형 유해한 다뇨소, 사
dama 여 귀부인 다마	dar 타 주다 다르
danza 여 댄스, 춤 단사	datar 자 유래하다 다따르
danzante 남여 무용가, 댄서 단산떼	dato 남 자료, 데이터 다또
danzar 자 춤추다 단사르	debajo 부 아래에, 아래로 데바호

  dañar　　　　　　　타 해하다, 손해를 끼치다
  다냐르

  hacer daño　　　　　아프게 하다, 상처를 주다
  아세르 다뇨

  Dame agua.　　　　　　　　나에게 물을 주라
  다메 아구아

  Déme agua.　　　　　　　　나에게 물을 주십시오
  데메 아구아

  Un vaso de agua, por favor.　물 한 잔 부탁합니다.
  움 바소 데 아구아　뽀르 파보르

  de　　　　　　　　전 …의, …로부터, …에서
  데

debajo de 데바호 데	…의 아래에
debate 데바떼	남 토론, 의론
deber¹ 데베르	자타 빚지다
deber² 데베르	남 의무. 남복 숙제
debido a 데비도 아	… 때문에
débil 데빌	형 약한
debilidad 데빌리닫	여 약함
debilitar 데빌리따르	타 약하게 하다
debut 데부	남 데뷔
debutar 데부따르	자 데뷔하다
década 데까다	여 10년
decaer 데까에르	자 쇠하다

debatir 데바띠르	자타 토론하다, 의론하다
deber + inf. 데베르	…해야한다, …임에 틀림없다
deber de + inf. 데베르 데	…임에 틀림없다
debido, da 데비도, 다	형 규정대로의, 반드시 그래야 할
decadencia 데까덴씨아	여 쇠퇴함; 퇴폐
decano, na 데까노, 나	남여 (대학의) 학장

decente 형 우아한, 단정한 데쎈떼	decoración 여 장식 데꼬라씨온
decepción 여 실망, 환멸 데쎕씨온	decorativo, va 형 장식의 데꼬라띠보, 바
decidir 타 결정하다 데씨디르	decoro 남 품위, 품격 데꼬로
decir 자타 말하다; 명령하다 데씨르	decreto 남 법령 데끄레또
decisión 여 결정 데씨씨온	dedo 남 손가락, 발가락 데도
declinar 자 기울다 데끌리나르	deducir 타 추론하다 데두씨르

décimo, ma 형 열째의, 열 번째의. 남 열 번째, 열째
데씨모, 마

declaración 여 언명, 선언; 신고, 신고서
데끌라라씨온

declarar 타 언명하다, 선언하다
데끌라라르

decorar 타 장식하다, 꾸미다
데꼬라르

dedicarse 재귀 전념하다; 종사하다, 헌신하다
데디까르세

dedicarse a pescar 낚시에 몰두하다[전념하다]
데디까르세 아 뻬스까르

defensa 데펜	여 방어, 방위
deficiente 데피씨엔떼	형 결함이 있는
déficit 데피씻	남 적자
definición 데피니씨온	여 정의(定義)
definir 데피니르	타 정의하다
defecto 데펙또	남 결함, 결점, 단점
defender 데펜데르	타 방어하다, 지키다
definitivamente 데피니띠바멘떼	부 결정적으로, 종국적으로
definitivo, va 데피니띠보, 바	형 결정적인, 최종적인
dejar 데하르	타 두다, 남기다, 맡기다
dejar + inf.	…하게 하다
dejar de + inf.	…하기를 멈추다, 그만두다
dejar que	…하게 하다, …하게 만들다
no dejar de + inf.	반드시 …하다
deformar 데포르마르	타 변형시키다
defraudar 데프라우다르	타 실망시키다
degenerar 데헤네라르	타 퇴화시키다
delantal 데란딸	남 앞치마
delante 데란떼	부 앞에; 먼저

delante de 데란떼 데	…의 앞에	delirio 델리리오	남 정신 착란; 망상
deleitar 델레이따르	타 즐겁게 하다	delito 델리또	남 범죄; 위반
deleite 델레이떼	남 즐거움, 기쁨	demanda 데만다	여 수요; 청구
delicia 델리씨아	여 쾌감; 환희, 기쁨	demasía 데마씨아	여 과다, 과도

delantero, ra   형 앞의. 남 ((운동)) 전위
데란떼로, 라

delegación   여 대표단; 위임
델레가씨온

delegado, da   남여 대표; 사절
델레가도, 다

delgado, da   형 여윈, 마른; 가는
델가도, 다

deliberar   타 심의하다; 숙고하다
델리베라르

delicado, da   형 섬세한; 미묘한; 허약한
델리까도, 다

delicioso, sa   형 맛있는; 감미로운; 흐뭇한, 즐거운
델리씨오소, 사

demás   형 나머지의, 이 밖의. 대 나머지 사람[물건]
데마스

democracia 여 민주주의 데모끄라씨아	demorar 타 지연시키다 데모라르
demonio 남 악마 데모니오	denominar 타 명명하다 데노미나르
demora 여 지연, 지체 데모라	densidad 여 밀도, 농도 덴씨달

demasiado, da 형 지나친. 부 너무, 지나치게
데마씨아도, 다

beber demasiado 과음하다
베베르 데마씨아도

comer demasiado 과식하다
꼬메르 데마씨아도

demente 남여 광인, 미치광이
데멘떼

demócrata 형 민주주의의. 남여 민주주의자
데모끄라따

democrático, ca 형 민주적인
데모끄라띠꼬, 까

demostración 여 표명, 명시; 증명
데모스뜨라씨온

demostrar 타 표명하다; 증명하다
데모스뜨라르

denso, sa 형 밀집한, 농후한, 짙은
덴소, 사

pasta dentífrica 튜브 치약
빠스따 덴띠프리까

dentista 명여 치과 의사
덴띠스따

dentadura 여 치아, 치열(齒列)
덴따두라

dentífrico, ca 형 이를 닦는. 남 이 닦기
덴띠프리꼬, 까

dentro de …의 안에, 속에; … 무렵; … 있으면
덴뜨로 데

dentro de unos minutos 몇 분 있으면, 이삼 분 내에
덴뜨로 데 우노스 미누또스

dentro 부 안으로, 안에
덴뜨로

denuncia 여 통보; 고발
데눈씨아

denunciar 타 통보하다; 고발하다
데눈씨아르

departamento
데빠르따멘또
남 (백화점의) 부; (관청의) 부, 국; ((남미)) 주(洲)

departamento de abrigos 오버부
데빠르따멘또 데 아브리고스

dependencia 여 의존, 종속
데뻰덴씨아

depender 자 의하다, 의존하다
데뻰데르

dependiente 형 의존하는, 종속하는. 남여 점원
데뻰디엔떼

111

deporte 데뽀르떼	남 스포츠
deportivo, va 데뽀르띠보, 바	형 스포츠의
depresión 데쁘레씨온	여 침하; 불황
deprisa 데쁘리사	부 급히
derecha 데레차	여 오른쪽
derrota 데르로따	여 패배; 항로

deportista 남여 스포츠맨, 스포츠우먼
데뽀르띠스따

coche deportivo 스포츠 카
꼬체 데뽀르띠보

depositar 타 보관하다, 맡기다; 예금하다
데뽀씨따르

depósito 남 기탁, 공탁; 예금
데뽀씨또

depurar 타 정화하다; 숙청하다
데뿌라르

a la derecha 오른쪽으로, 오른쪽에
알 라 데레차

derecho, cha 형 오른쪽의. 남 권리. 부 똑바로, 반듯이.
데레초, 차

Siga derecho 똑바로 가세요
씨가 데레초

derivar 타 유래하다, 파생하다
데리바르

derrumbar 타 붕괴시키다 데르룸바르		desagradable 형 불쾌한 데스아그라다블레	
desafiar 타 도전하다 데사피아르		desagüe 남 배수, 배수구 데사구에	
desafío 남 도전 데사피오		desalentar 타 낙담시키다 데살렌따르	

derramar
데라마르
타 뿌리다, 살포하다

derretir
데레띠르
타 녹이다, 용해시키다

derrotar
데로따르
타 부수다; 패주시키다

desabrido, da
데사브리도, 다
형 (음식이) 맛없는

desafortunado, da
데사포르뚜나도, 나
형 불운한, 불행한

desagrado
데사그라도
남 불쾌함, 불유쾌함

desahogar
데사오가르
타 한숨 돌리게 하다

desahogarse
데스아오가르세
재귀 한숨 돌리다

desahogo
데사오고
남 한숨 돌림, 휴식

desanimar 타 용기를 꺾다 데사니마르	desastre 명 재앙, 재난. 데사스뜨레
desánimo 남 기력 상실 데스아니모	desatar 타 풀다 데사따르
desarmar 타 무장 해제하다 데사르마르	desatento, ta 형 부주의한 데사뗀또, 따
desalojar 데살로하르	타 몰아내다, 쫓아내다
desamparar 데삼빠라르	타 단념하다, 포기하다
desaparecer 데사빠레쎄르	타 숨기다, 감추다
desaparecerse 데스아빠레세르	재귀 사라지다, 숨다
deaparecíón 데사빠레씨온	여 소멸, 소실
desarme 데사르메	남 무장 해제; 군비 축소
desarrollar 데사르로야르	타 발전시키다; 발육시키다
desarrollo 데사르로요	남 발전, 발달; 발육
desatarse 데사따르세	재귀 폭우가 쏟아지다

desayuno 데사유노	남 아침밥	descanso 데스깐소	남 휴식, 쉼
descalzo, za 데스깔소, 사	형 맨발의	descendiente 데센디엔떼	남여 자손

desayunar 데사유나르 — 자 아침밥을 먹다

desbordar 데스보르다르 — 자 넘치다, 범람하다

descalzarse 데스깔사르세 — 재귀 신발을 벗다

descansar 데스깐사르 — 자 쉬다, 휴식하다

descarado, da 데스까라도, 다 — 형 뻔뻔스러운, 낯가죽이 두꺼운

descarga 데스까르가 — 여 하역; 발사; 방전

descargar 데스까르가르 — 타 하역하다; 발사하다

descarrilar 데스까릴라르 — 자 (열차가) 탈선하다

descendencia 데쎈덴씨아 — 여 가계(家系); 자손

descender 데센데르 — 자 내리다, 내려가다

desconocer 데스꼬노쎄르	탁 모르다	describir 데스끄리비르	탁 묘사하다
descontar 데스꼰따르	탁 할인하다	descubierto, ta 데스꾸비에르또, 따	형 발견된

descenso 남 하강, 내리는 일
데쎈소

descolgar 탁 (매단 것을) 내리다; 수화기를 들다
데스꼴가르

descolorido, da 형 색이 바랜
데스꼴로리도, 다

descomponer 탁 부수다, 분해하다
데스꼼뽀네르

desconcertar 탁 혼란하게 하다
데스꼰쎄르따르

desconfiar 자 의심하다, 믿지 않다
데스꼰피아르

desconocido, da 형 모르는
데스꼬노씨도, 다

desconsolado, da 형 침통한, 비통한; 달랠 길 없는
데스꼰솔라도, 다

descontento, ta 형 불만의. 남 불만
데스꼰뗀또, 따

descripción 여 묘사; 기술(記述)
데스끄립씨온

descubridor, ra 남여 발견자
데스꾸브리도르, 라

descubrimiento 남 발견
데스꾸브리미엔또

descubrir 타 발견하다
데스꾸브리르

descuento 남 할인
데스꾸엔또

descuido 남 부주의, 방심
데스꾸이도

desde 전 …부터, …에서
데스데

desdén 남 경멸
데스덴

desdeñar 타 경멸하다
데스데냐르

desear 타 원하다, 바라다
데세아르

desempleo 남 실업(失業)
데셈쁠레오

descriptible
데스끄립띠블레
형 묘사[서술]할 수 있는, 말로 표현할 수 있는.

descuidado, da 형 부주의한
데스꾸이다도, 다

descuidar 타 게을리 하다, 소홀히 하다. 자 방심하다
데스꾸이다르

desdicha 여 불행, 불운, 비운
데스디차

desdichado, da 형 불행한, 불운한
데스디차도, 다

¿Qué desea usted? 무엇을 원하십니까?
께 데세아 우스뗄

desechar 타 버리다; 거절하다
데세차르

desengañar 타 실망시키다 데센가냐르	desenvolver 타 발전시키다 데센볼베르
desengaño 남 환멸; 실망 데센가뇨	deseo 남 바람, 소망, 소원 데세오
desenlace 남 결말 데센라쎄	desesperación 여 절망 데세스뻬라씨온

desecho 남 찌꺼기; 폐품, 폐물
데세초

desembarcar 자 (배, 비행기에서) 내리다
데셈바르까르

desembocadura 여 하구(河口)
데셈보까두라

desembocar 자 (강물이) 흘러들다
데셈보까르

desempeñar 타 (의무를) 다하다; 이행하다
데셈뻬냐르

desenredar 타 얽힌 것을 풀다
데센레다르

desentenderse 재귀 참견하지 않다
데센뗀데르세

desenvoltura 여 쾌활함; 몰염치
데센볼뚜라

desesperado, da 형 절망적인
데세스뻬라도, 다

desesperar 타 절망시키다 데세스뻬라르	**desgana** 여 식욕 부진 데스가나
desfavorable 형 불리한 데스파보라블레	**desgastar** 타 소모시키다 데스가스따르
desfilar 자 행진하다 데스필라르	**deshelarse** 재귀 녹다 데스엘라르세
desfile 남 행진, 퍼레이드 데스필레	**deshielo** 남 해빙 데스이엘로

desfallecer 자 기절하다, 실신하다
데스파예세르

desgarrar 타 (발기발기) 찢다
데스가롸르

desgracia 여 불행, 불운; 재난
데스그라씨아

deshacer 타 부수다, 파괴하다
데스아쎄르

deshelar 타 (눈, 얼음을) 녹이다
데스엘라르

deshonesto, ta 형 정직하지 못한
데스오네스또, 따

deshonra 여 불명예; 수치스러운 일
데스온라

desierto, ta 형 인기가 없는; 황량한. 남 사막
데씨에르또, 따

| desigual 형 같이 않는
데씨구알 | desinfectar 타 소독하다
데씬펙따르 |
|---|---|
| desilusión 여 환멸; 실망
데씰루씨온 | desnivel 남 고저; 요철
데스니벨 |

designar 타 지명하다, 임명하다
데씨그나르

desilusionar 타 환멸을 느끼게 하다, 실망시키다
데씰루씨오나르

desilusionarse 재귀 환멸을 느끼다, 실망하다
데씰루씨오나르세

desinteresado, da 형 무욕의, 사심이 없는
데씬떼레사도, 다

desistir 자 [de] (무엇을) 단념하다
데씨스띠르

desleal 형 불성실한, 충실하지 못한
데슬레알

deslizar 타 굴리다. 자 미끄러지다
데슬리사르

deslumbrar 타 눈부시게 하다, 현혹시키다
데스룸브라르

desinterés 남 무관심; 무사, 공평
데씬떼레스

desmayarse 재귀 실신하다, 졸도하다
데스마야르세

desnudar 타 벌거벗기다 데스누다르	desobediencia 여 불복종 데소베디엔씨아
desnudarse 재귀 벌거벗다 데스누다르세	desocupar 타 비우다 데소꾸빠르
desnutrición 여 영양 실조 데스누뜨리씨온	desorden 남 무질서, 혼란 데소르덴

desmayo 남 실신, 졸도, 기절
데스마요

desmentir 타 부정하다, 반론하다
데스멘띠르

desmontar 타 분해하다, 해체하다
데스몬따르

desnudo, da 형 나체의, 벌거벗은
데스누도, 다

desobedecer 타 순종하지 않다
데소베데쎄르

desobediente 형 고분고분하지 않은
데소베디엔떼

desocupado, da 형 비어 있는; 무직의
데소꾸빠도, 다

desorientar 타 방향을 잃게 하다
데소리엔따르

despachar 타 처리하다; 발송하다
데스빠차르

despacio 데스빠씨오	🔖 천천히
despegar 데스뻬가르	🔖 이륙하다
despacho 데스빠초	🔖 사무실, 사무소
Hable despacio 아블레 데스빠씨오	천천히 말씀해 주십시오
despedida 데스뻬디다	🔖 이별, 작별, 전송, 환송
fiesta de despedida 피에스따 데 데스뻬디다	송별 파티
despedir 데스뻬디르	🔖 해고하다; 전송하다
despedirse 데스뻬디르세	🔖 작별하다, 이별하다
despejado, da 데스뻬하도, 다	🔖 맑게 개인
desperdiciar 데스뻬르디씨아르	🔖 낭비하다, 허비하다
despertar 데스뻬르따르	🔖 깨우다, 눈을 뜨게 하다
despertarse 데스뻬르따르세	🔖 눈을 뜨다, 깨어나다
despejarse 데스뻬하르세	🔖 활짝 개다
desperdicio 데스뻬르디씨오	🔖 낭비, 허비

despertador 데스뻬르따도르	명 자명종	despreciar 데스쁘레씨아르	타 경멸하다
desplazar 데스쁠라사르	타 이동시키다	desprecio 데스쁘레씨오	명 경멸
despojar 데스뽀하르	타 탈취하다	después 데스뿌에스	부 뒤에, 후에
desposarse 데스뽀사르세	재귀 결혼하다	destacar 데스따까르	타 파견하다

despierto, ta
데스삐에르또, 따
형 잠에서 깨어난; 민첩한

despistar
데스삐스따르
타 (추적자를) 떼어내다

desplegar
데스쁘레가르
타 (접었던 것을) 펴다

desposado, da
데스뽀사도, 다
형 신혼의. 명여 신혼자

despreciable
데스쁘레씨아블레
형 천박한, 비열한

desprender
데스쁘렌데르
타 풀다, 놓아주다

despreocupado, da
데스쁘레오꾸빠도, 다
형 걱정이 없는, 마음에 걸리는 것이 없는

desproporcionado, da
데스쁘로뽀르씨오나도, 다
형 어울리지 않은

destierro 데스띠에로	남 추방	desuso 데수소	남 사용하지 않음
destrucción 데스뜨룩씨온	여 파괴	desván 데스반	남 더그매, 다락방

después de
데스뿌에스 데
…한 뒤에, …한 후에

después (de) que
데스뿌에스 (데) 께
…한 후에

después de eso
데스뿌에스 데 에소
그 다음에는

desterrar
데스떼롸르
타 (국외로) 추방하다

destinar
데스띠나르
타 (…의 용도로) 충당하다

destinatario, ria
데스띠나따리오, 리아
남여 받는 사람

destino
데스띠노
남 운명, 숙명; 목적지

destituir
데스띠뚜이르
타 파면하다, 해임하다

destrozar
데스뜨로사르
타 조각 내다, 토막내다

destruir
데스뜨루이르
타 부수다, 파괴하다

desvelar 데스벨라르	타 철야시키다
desviar 데스비아르	타 빗나가게 하다
detalle 데따에	남 상세함, 세목
determinar 데떼르미나르	타 결정하다
detrás 데뜨라스	부 뒤에
detrás de 데뜨라스 데	…의 뒤에
deuda 데우다	여 빚, 채무
devoción 데보씨온	여 신심(信心)
desvanecer 데스바네쎄르	타 지우다, 소멸시키다
desventaja 데스벤따하	여 불리, 불이익
detención 데뗀씨온	여 정지; 체포, 구류
detener 데떼네르	타 정지시키다; 체포하다, 구류하다
detenido, da 데떼니도, 다	형 체포된, 구류된; 상세한
deteriorar 데떼리오라르	타 망가뜨리다, 해치다
detestar 데떼스따르	타 미워하다, 저주하다
devolución 데볼루씨온	여 반환; 반각(返却)

devorar 데보라르	타 게걸스레 먹다
devoto, ta 데보또, 따	형 신심이 깊은
día 디아	남 날, 하루, 낮
todos los días 또도스 로스 디아스	매일
diablo 디아블로	남 악마
diáfano, na 디아파노, 나	형 투명한
dialecto 디알렉또	남 방언
diálogo 디알로고	남 대화, 회화
diamante 디아만떼	남 다이아몬드
diámetro 디아메뜨로	남 직경
diapositiva 디아뽀씨띠바	여 슬라이드
diarrea 디아뢰아	여 설사
diccionario 딕씨오나리오	남 사전
dicha 디차	여 행복; 행운
devolver 데볼베르	타 반환하다, 반려하다
diario, ria 디아리오, 리아	형 매일의. 남 일간 신문
dibujar 디부하르	타 그리다, 스케치하다
dibujo 디부호	남 그림, 도화, 선화, 소묘
dibujos animados 디부호스 아니마도스	에니메이션

diciembre 디씨엠브레	남 12월	dictadura 딕따두라	여 독재
dictado 딕따도	남 구술; 받아쓰기	dictamen 딕따멘	남 의견, 판단
dictador 딕따도르	남 독재자	diente 디엔떼	남 이(齒)

diccionario español   스페인어 사전
딕씨오나리오 에스빠뇰

dicho, cha   형 decir(말하다) 동사의 과거 분사
디초, 차

dichoso, sa   형 행복한, 행운의
디초소, 사

dictar   타 구술하다, 받아쓰다
딕따르

diecinueve   남 19, 열아홉. 형 19의, 19번째의
디에씨누에베

dieciocho   남 18, 열여덟. 형 18의, 18번째의
디에씨오초

dieciséis   남 16, 열여섯. 형 16의, 16번째의
디에씨세이스

diecisiete   남 17, 열일곱. 형 17의, 17번째의
디에씨씨에떼

dieta   여 식이요법; 다이어트
디에따

diferencia 여 차이, 상위함 디페렌씨아	difusora 여 방송국 디푸소라
diferente 형 다른, 상이한 디페렌떼	digerir 타 소화시키다 디헤리르
diferir 타 연기하다 딜페리르	digestión 여 소화 디헤스띠온
difícil 형 어려운 디피씰	digital 형 디지털의 디히딸
dificultad 여 곤란, 어려움 디피꿀땉	dignidad 여 위엄; 품격 딕니닫

diez 답 10, 열. 형 10의, 10번째의
디에스

difícilmente 부 어렵게, 간신히
디피씰멘떼

con dificultad 어렵게, 간신히
꼰 디피꿀땉

difundir 타 방송하다; 보급시키다
디푼디르

difunto, ta 형 고(故)…, 사망한. 답여 고인(故人)
디푼또, 따

difusión 여 방송; 확산; 보급
디푸씨온

difuso, sa 형 확산된; 산만한
디푸소, 사

dilema 딜레마	남 딜레마	dinamita 디나미따	여 다이너마이트
diluvio 딜루비오	남 대홍수	dinero 디네로	남 돈
dimensión 디멘씨온	여 크기; 차원	dios 디오스	남 신(神), 잡신
dimisión 디미씨온	여 사임, 사직	diosa 디오사	여 여신(女神)

digno, na
딕노, 나
형 …할만한, 가치 있는

dilatar
딜라따르
타 확대하다; 연기하다

diligencia
딜리헨씨아
여 부지런함, 근면

diligente
딜리헨떼
형 부지런한, 근면한

dimitir
디미띠르
타 사임하다, 사직하다

dinámico, ca
니나미꼬, 까
형 활동적인; 역학의. 여 역학(力學)

Dios
디오스
남 (유일)신(神), 하느님, 하나님

Vaya con Dios
바야 꼰 디오스
안녕히 가십시오

diplomacia 디쁠로마씨아	여 외교	disciplina 디씨쁠리나	여 규율; 훈련
dique 디께	남 제방	discípulo, la 디씨쁠로, 라	남여 제자
discernir 디쎄르니르	타 식별하다	discordia 디스꼬르디아	여 불화, 불일치

diploma   남 면장; 수료증, 졸업장
디쁠로마

diplomático, ca   형 외교적인. 남여 외교관
디쁠로마띠꼬, 까

diputado, da   남여 의원(議員)
디뿌따도, 다

dirección   여 주소; 방향; 지도, 지휘
디렉씨온

directo, ta   형 직접적인; 직행의
디렉또, 따

director, ra   남여 사장, 이사, 지점장, 국장, 청장, 처장
디렉또르, 라

dirigir   타 향하다; 지휘하다, 지도하다, 감독하다
디리히르

dirigirse   재귀 향하다, 향해 가다
디리히르세

dirigirese al aparato   탑승하다
디리히르세 알 아빠라도

discoteca 디스꼬떼까	여 디스코텍	discusión 디스꾸씨온	여 의론, 토론
discreto, ta 디스끄레또, 따	형 신중한	diseño 디세뇨	남 디자인; 설계도
disculpa 디스꿀빠	여 변명, 핑계	disfraz 디스프라스	남 가장, 변장
disculpar 디스꿀빠르	타 용서하다	disfrazar 디스프라사르	타 변장시키다
discurrir 디스꾸뤼르	자 숙고하다	disfrazarse 디스프라사르세	재귀 변장하다
discurso 디스꾸르소	남 연설; 강연	disgustar 디스구스따르	타 불쾌하게 하다

disco 디스꼬
남 원반, 레코드; (전화의) 다이얼; 디스켓, 플로피 디스크

discriminación 디스끄리미나씨온
여 구별; 차별

dar disculpas 다르 디스꿀빠스
변명하다, 핑계를 대다

discutir 디스꾸띠르
타 토론하다, 토의하다, 언쟁하다

diseñar 디세냐르
타 설계하다, 디자인하다

disertar 디세르따르
자 논하다, 논평하다

disgusto 남 불쾌함, 불유쾌 디스구스또	disparate 남 엉터리 디스빠라떼
disolución 여 분해, 용해 디솔루씨온	dispersar 타 분산시키다 디스뻬르사르
disolverse 재귀 녹다 디솔베르세	dispuesto, ta 형 준비가 된 디스뿌에스또, 따

disfrutar 자 향유하다, 즐기다
디스프루따르

disfrutar de las vacaciones 휴가를 즐기다
디스프루따르 데 라스 바까씨오네스

disgustarse 재귀 불유쾌하다, 불쾌하다
디스구스따르세

disimular 타 위장하다, 시치미 떼다
디씨물라르

disimulo 남 위장; 시치미 떼기
디씨물로

disipar 타 낭비하다; 소산시키다
디씨빠르

disminuir 타 축소하다, 감소시키다
디스미누이르

disolver 타 녹이다, 용해하다
디솔베르

disparar 타 발사하다, 발포하다
디스빠라르

distancia 디스딴씨아	여 거리	**distar** 재 멀다, 간격이 있다 디스따르
distante 디스딴떼	형 먼, 멀리 떨어진	**disuadir** 타 설득시키다 디수아디르

disponer 디스뽀네르   타 배치하다; 준비하다

disponible 디스뽀니블레   형 자유로이 이용할 수 있는

disposición 디스뽀씨씨온   여 배치; 준비; 처리; 소질

estar dispuesto a + inf. 에스따르 디스뿌에스또 아   …할 준비가 되어 있다

disputa 디스뿌따   여 언쟁, 논쟁, 의론, 토론

disputar 디스뿌따르   재타 의론하다, 토론하다; 언쟁하다

distanciar 디스딴씨아르   타 멀리 떼어놓다, 사이를 두다

distinción 디스띤씨온   여 구별, 식별; 저명함; 영예

distinguido, da 디스띵기도, 다   형 탁월한, 저명한

distinguir 디스띵기르   타 구별하다; 식별하다

divertir 타 즐겁게 하다	dividir 타 나누다, 분할하다
디베르띠르	띠비디르
divertirse 재귀 즐기다	divisa 여 외화; 기장
디베르띠르세	디비사

distinto, ta 형 다른, 상이한; 다수의
디스띤또, 따

distracción 여 심심풀이, 오락; 부주의
디스뜨락씨온

distraer 타 기분을 풀어주다; 즐거움을 주다
디스뜨라에르

distraído, da 형 방심한, 건성의
디스뜨라이도, 다

distribución 여 분배; 배급; 배달
디스뜨리부씨온

distribuir 타 분배하다; 배달하다
디스뜨리부이르

distrito 남 지구(地區), 구역
디스뜨리또

diversión 여 오락, 기분 전환
디베르씨온

diverso, sa 형 다른; 여러 가지의
디베르소, 사

divertido, da 형 즐거운, 유쾌한
디베르띠도, 다

divisar 재 멀리에 보이다 디비사르	**doce** 형 12의. 남 12 도쎄
divorciar 타 이혼시키다 디보르씨아르	**docena** 여 타, 다스 도쎄나
divorciarse 재귀 이혼하다 띠보르씨아르세	**docente** 형 교육의 도쎈떼
divorcio 남 이혼 디보르씨오	**doctor, ra** 남여 박사; 의사 독또르, 라

divino, na 형 신(神)의; 신성한
디비노, 나

división 여 분할; 구분; 분열
디비씨온

divorciado, da 형 이혼한. 남여 이혼한 사람
디보르씨아도, 다

divulgar 타 폭로하다; 공표하다
디불가르

doblar
도블라르
타 두 배로 하다; 접다; 굽히다. 재 굽어지다, (길을) 돌다

Doble a la derecha 오른쪽으로 도십시오
도블레 알 라 데레차

doble 형 두 배의, 이중의. 남 두 배
도블레

dócil 형 유순한; 다루기 쉬운
도씰

doctrina 독뜨리나	여 학설	doler 돌레르	자 아프다
documento 도꾸멘또	남 서류	dolor 돌로르	남 통증, 고통, 아픔
dólar 돌라르	남 달러	domar 도마르	타 길들이다
cien dólares 씨엔 돌라레스	100 달러	domicilio 도미씨리오	남 주소; 거주

docilidad 도실리닫 — 여 유순함, 온순함

docto, ta 독또, 따 — 형 박식한, 정통한

¿Qué le duele? 껠레 두엘레 — 어디가 아프십니까?

Me duele la cabeza 메 두엘레 라 까베사 — 나는 머리가 아프다

Me duele el estómago 메 두엘레 엘 에스또마고 — 나는 배가 아프다

Me duele la muela 메 두엘레 라 무엘라 — 나는 이가 아프다

Tengo dolor de cabeza 뗑고 돌로르 데 까베사 — 나는 두통이다

doméstico, ca 도메스띠꼬, 까 — 형 가정의; 국내의

domingo 도밍고	남 일요일	donación de sangre 헌혈 도나씨온 데 상그레
dominio 도미니오	남 지배; 영토	dónde 돈데 부 어디(에)
donación 도나씨온	여 기부, 기증	dormilón, na 도르밀론, 나 남여 잠꾸러기

dominar 타 통제하다, 억제하다; 지배하다; 정통하다
도미나르

don 남 재능; 돈 (남자 이름 앞의 경칭)
돈

donador, ra 남여 기부자, 기증자
도나도르, 라

donar 타 기부하다, 기증하다
도나르

doncella 여 아가씨, 처녀; 시녀, 몸종, 하녀
돈쎄야

donde 부 [관계 부사] …하는 (곳)
돈데

Donde hay voluntad, hay camino
돈데 아이 볼룬땃, 아이 까미노

                뜻 있는 곳에 길이 있다

¿Dónde hay un hotel?　호텔은 어디에 있습니까?
돈데 아이 운 오뗄

doña 여 도냐 (결혼한 부인 이름 앞의 경칭)
도냐

dormir 자 자다. 타 재우다 도르미르	drama 남 연극, 드라마 드라마
dormirse 재귀 잠들다 도르미르세	dramaturgo, ga 남여 극작가 드라마뚜르고, 가
dormitorio 남 침실 도르미또리오	droga 여 마약 드로가
dorso 남 (손의) 등; 등 도르소	droguería 여 약국; 잡화점 드로게리아
dosis 여 (약의) 복용량 도시스	ducha 여 샤워 (시설) 두차
dote 남 지참금; 재능, 소질 도떼	duchar 타 샤워시키다 두차르

dorado, da 형 금빛의; 금을 입힌. 남 황금의 나라
도라도, 다

dormitar 자 졸다, 꾸벅꾸벅 졸다
도르미따르

dos 남 2, 둘. 형 2의; 둘째의, 두 번째의
도스

doscientos, tas 형 200의; 200번째의. 남 200, 이백
도스씨엔또스, 따스

dotar 타 (지참금을) 지참시키다; 부여하다
도따르

dramático, ca 형 연극의; 극적인
드라마띠꼬, 까

ducharse 재귀 샤워하다 두차르세	dueño, ña 남여 주인 두에뇨, 냐
duda 여 의심 두다	duplicación 여 두 배, 2배 두쁠리까씨온
dudar 동 의심하다 두다르	duplicar 타 두 배하다 두쁠리까르
dudoso, sa 형 의심하는 두도소, 사	duque 남 공작(公爵) 두께
duelo 남 결투; 상(喪); 비탄 두엘로	duración 여 기간 두라씨온
duende 남 귀신, 요정 두엔데	durante 부 … 동안, …중 두란떼

dulce 형 (맛이) 단. 남 과자
둘세

duodécimo, ma 형 열두 번째의. 남 열둘째, 열두 번째
두오데씨모, 마

duquesa 여 공작 부인; 여자 공작
두께사

duración de dos horas 두 시간(의 기간)
두라씨온 데 도스 오라스

duradero, ra 형 내구성이 있는
두라데로, 라

durante las vacaciones 휴가 동안, 방학 동안
두란떼 라스 바까씨오네스

dureza 여 단단함, 견고함
두레사

durar 자 계속되다, 오래 가다, 지속하다
두라르

duro, ra
두로, 라
형 단단한, 딱딱한, 굳은; 생경한. 남 두로 (5페세타)

A buena hambre no hay pan duro 시장이 반찬
아 부에나 암브레 노 아이 빵 두로

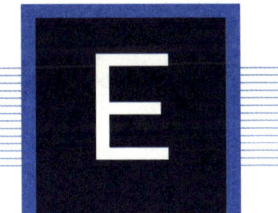

ebrio, bria 형 술에 취한 에브리오, 브리아	economista 남여 경제학자 에꼬노미스따
ebullición 여 비등 에부이씨온	economizar 타 절약하다 에꼬노미사르
echar 타 던지다, 넣다, 치다 에차르	ecuador 남 적도 에꾸아도르
eco 남 반향; 에코 에꼬	Ecuador ((국명)) 에콰도르 에꾸아도르
ecología 여 생태학 에꼴로히아	edad 여 나이, 연령; 시대 에닫
economía 여 경제; 절약 에꼬노미아	edición 여 출판; 판 에디씨온
económicas 여 복 경제학 에꼬노미까스	edificar 타 건설하다 에디피까르

e 접 와, 과, 그리고 ((y가 i-와 hi- 앞에서))
에

echar a + inf. …하기 시작하다
에차르 아

económico, ca 형 경제의, 경제적; 싼
에꼬노미꼬, 까

ecuatoriano, na 형 에콰도르의. 남여 에콰도르 사람
에꾸아또리아노, 나

¿Qué edad tienes? 너 나이가 몇이니?
께 에닫 띠에네스

edificio 에디피씨오	남 건물	eficacia 에피까씨아	여 효력, 효과
editar 에디따르	타 출판하다	eficaz 에피까스	형 유효한, 효과적인
educación 에두까씨온	여 교육	egoísmo 에고이스모	남 이기주의
educar 에두까르	타 교육하다	eje 에헤	남 축
en efecto 엔 에펙또	실제로, 사실상	ejemplo 에헴플로	남 모범, 예

editor, ra 에디또르, 라   형 출판의. 남여 발행자

editorial 에디또리알   형 출판의. 남 사설, 논설. 여 출판사

efectivamente 에펙띠바멘떼   부 실제로, 사실; 효과적으로

efectivo, va 에펙띠보, 바   형 실제의; 유효한. 남 현금

efecto 에펙또   남 결과, 결론; 효과; 사실

efectuar 에펙뚜아르   형 행하다, 실행하다

egoísta 에고이스따   형 이기주의의. 남여 이기주의자

por ejemplo 예를 들면 뽀르 에헴쁠로	**el** 괸 정관사 남성 단수형 엘
ejercer 타 행하다, 수행하다 에헤르쎄르	**él** 대 그, 그이, 그 사람 엘
ejército 남 군대; 육군 에헤르씨또	**elección** 여 선거, 선출 엘렉씨온
ejército coreano 한국군 에헤르씨또 꼬레아노	**electricidad** 여 전기 엘렉뜨리씨닫

ejecución 여 실행, 실시; 연주; 사형 집행
에헤꾸씨온

ejecutar 타 실행하다, 실시하다; 연주하다; 처형하다
에헤꾸따르

ejecutivo, va 형 실행의, 집행의; 행정의
에헤꾸띠보, 바

ejemplar 형 모범적인. 남 (인쇄물의) 부수; 견본, 표본
에헴쁠라르

ejercicio 남 연습, 연습 문제
에헤르씨씨오

elaborar 타 가공하다; 작성하다
엘라보라르

elástico, ca 형 탄력성이 있는. 남 고무줄
엘라스띠꼬, 까

elección presidencial 대통령 선거
엘렉씨온 쁘레씨덴씨알

eléctrico, ca 형 전기의 엘렉뜨리꼬, 까	**elegante** 형 우아한 엘레간떼
electrón 남 전자(電子) 엘렉뜨론	**elegir** 타 고르다, 선택하다 엘레히르
electrónico, ca 형 전자의 엘렉뜨로니꼬, 까	**elevado, da** 형 높은 엘레바도, 다
elefante 남 코끼리 엘레판떼	**eliminación** 여 제거; 배제 엘리미나씨온
elegancia 여 우아함 엘레간씨아	**eliminatoria** 여 예선 엘리미나또리아

elecciones generales 총선거
엘렉씨오네스 헤네랄레스

elemental 형 기초의, 기본의, 초보의
엘레멘딸

elemento 남 요소, 성분; 원소
엘레멘또

elevación 여 상승; 고지(高地)
엘레바씨온

elevador 남 ((남미)) 엘리베이터, 승강기
엘레바도르

elevar 타 높이다, 상승시키다
엘레바르

eliminar 타 제거하다, 배제하다
엘리미나르

ella 에야	대 그녀, 그 여자	emancipar 에만시빠르	타 해방하다
ellos, llas 에요스, 에야스	대 그들	embajada 엠바하다	여 대사관
elocuencia 엘로꾸엔씨아	여 웅변	embajador, ra 엠바하도르, 라	남여 대사
elogio 엘로히오	남 칭찬, 찬양	embalse 엠발세	남 저수지, 댐
eludir 엘루디르	타 회피하다	embarazada 엠바라사다	여 임산부

ello
에요
대 (중성 지시대명사) 그것

elocuente
엘로꾸엔떼
형 웅변의, 능변인

elogiar
엘로히아르
타 칭찬하다, 찬양하다

El Salvador
엘 살바도르
((국명)) 엘살바도르

emancipación
에만씨빠씨온
여 해방; 노예 해방

embalaje
엠발라헤
남 포장, 꾸러미; 포장비

embarazar
엠바라사르
타 방해하다, 저지하다; 임신시키다

| embargo 엠바르고 | 남 압류 | embarque 엠바르께 | 남 선적 |

embarazarse 엠바라사르세 — 재귀 임신시키다

embarcación 엠바르까씨온 — 여 배; 승선, 탑승

embarcadero 엠바르까데로 — 남 부두, 잔교

embarcar 엠바르까르 — 타 승선시키다, 탑승시키다

embarcarse 엠바르까르세 — 재귀 승선하다, 탑승하다

sin embargo 씬 엠바르고 — 그럼에도 불구하고

embellecer 엠베예세르 — 타 미화하다, 아름답게 꾸미다

embestir 엠베스띠르 — 타 공격하다, 습격하다

emborrachar 엠보르라차르 — 타 취하게 하다

embotellamiento 엠보떼야미엔또 — 남 교통 체증

embotellar 엠보떼야르 — 타 병에 채워 넣다

embriagar 타 취하게 하다 엠브리아가르		emigración 여 (출국) 이민 에미그라시온	
embrollar 타 어지럽히다 엠브로야르		emigrante 남여 이민, 이주민 에미그란떼	
embuste 남 허풍, 거짓말 엠부스떼		eminente 남 뛰어난 에미넨떼	
embutido 남 순대 엠부띠도		emisión 여 방송 에미씨온	
emergencia 여 긴급 사태 에메르헨시아		emisora 여 방송국 에미소라	

embotellarse　　　　　　재귀 (교통이) 막히다
엠보떼야르세

embriaguez　　　　　　여 취함, 취기, 주정
엠브리아게스

embustero, ra　　　　　　남여 허풍선이
엠부스떼로, 라

emigrar　　　　타 이주하다, 외국에 나가다
에미그라르

emitir　　　타 방송하다; 방출하다; 발행하다
에미띠르

emoción　　　　　　여 감동, 흥분, 감격
에모씨온

emocionar　　　　타 감동시키다, 감격시키다
에모씨오나르

empapar 엠빠빠르	탁 적시다
emperador 엠뻬라도르	남 황제
empate 엠빠떼	남 동점
emplear 엠쁠레아르	탁 고용하다
empeñar 엠뻬냐르	탁 저당 잡다
empleo 엠쁠레오	남 고용
empeño 엠뻬뇨	남 저당
empresa 엠쁘레사	여 기업; 회사

empaquetar 엠빠께따르   탁 짐을 꾸리다

empastar 엠빠스따르   탁 (이를) 충전하다

empatar 엠빠따르   탁 동점이 되게 하다

empeorar 엠뻬오라르   탁 악화시키다. 자 악화되다

emperatriz 엠뻬라뜨리스   여 여자 황제, 황후

empezar 엠뻬사르   탁 시작하다. 자 시작하다

empezar a + 동사 원형 엠뻬사르 아   …하기 시작하다

empleado, da 엠쁠레아도, 다   남여 종업원, 사원, 직원

empréstito 엠쁘레스띠또	남 빚, 차금	enano, na 에나노, 나	남여 난쟁이
empuje 엠뿌헤	미십시오	encaje 엥까헤	남 끼워 넣기
empujón 엠뿌혼	남 밀어 젖히기	encallar 엥까야르	자 좌초하다
emular 에물라르	타 (우열을) 다투다	encanto 엥깐따도	남 매혹, 매력

empobrecer 엠뽀브레쎄르   타 가난하게 하다

emprender 엠쁘렌데르   타 개시하다, 착수하다

empujar 엠뿌하르   타 밀다, 밀어 올리다

en 엔   전 …에, … 안에, …의 위에

enamorado, da 에나모라도, 다   형 반한, 연정을 느낀

enamorarse 에나모라르세   재귀 반하다, 사랑하다

encaminar 엥까미나르   타 길을 가르쳐 주다

encantado, da 엥깐따도, 다   형 무척 즐거운, 황홀한, 매료된

encargado, da 담여 담당자 엥까르가도, 다	encerrarse 재귀 가두어지다 엔쎄롸르세
encerrar 타 가두다 엔쎄롸르	enchufe 남 소켓, 플러그 엔추페

Encantado   (남자가) 처음 뵙겠습니다
엥깐따도

Encantada   (여자가) 처음 뵙겠습니다.
엥깐따다

encantador, ra   형 매력적인
엥깐따도르, 라

chica encantadora   매력적인 아가씨
치까 엥깐따도라

encantar   타 매혹시키다; 무척 좋(아하)다
엥깐따르

encarecer   타 가격을 인상하다
엥까레쎄르

encargar   타 위임하다, 위탁하다
엥까르가르

encendedor   남 라이터; 점화기
엔쎈데도르

encender   재타 (불을) 켜다, 불을 붙이다
엔쎈데르

Enciende la luz   전등불을 켜라
엔씨엔데 라 루스

encima 엔씨마	튀 위에	encoger 엥꼬헤르	타 위축시키다
encima de 엔씨마 데	…의 위에	encrucijada 엔끄루씨하다	여 네거리

enchufar
엔추파르
타 연결하다, 끼워 넣다

enciclopedia
엔씨끌로뻬디아
여 백과 사전

encima de la mesa
엔씨마 데 라 메사
테이블 위에

encinta
엔씬따
형 임신한, 임신 중인

encomendar
엔꼬멘다르
타 부탁하다, 위임하다

encomienda
엔꼬미엔다
여 의뢰, 위탁

encontrar
엔꼰뜨라르
타 발견하다; 만나다

encuadernación
엥꾸아데르나씨온
여 제본, 장정

encuadernar
엥꾸아데르나르
타 제본하다, 장정하다

encuentro
엥꾸엔뜨로
남 만남, 조우; 시합; 충돌

enderezar 🅣 똑바로 하다
엔데레사르

énfasis 🅝 강조
엠파시스

endosar 🅣 배서하다
엔도사르

enfermedad 🅕 병(病)
엔페르메닫

enemistad 🅕 적의(敵意)
에네미스딷

enfermero, ra 🅝🅕 간호사
엠페르메로, 라

enero 🅝 1월
에네로

enfocar 🅣 초점을 맞추다
엠포까르

encuesta 🅕 조사, 앙케이트
엥꾸에스따

endurecer 🅣 견고하게 하다
엔두레쎄르

enemigo, ga 🅗 적의. 🅝🅕 적
에네미고, 가

energía 🅕 에너지; 활력; 정력
에네르히아

enérgico, ca 🅗 강력한, 정력적인.
에네르히꼬, 까

enfadar 🅣 화나게 하다, 성나게 하다, 노하게 하다
엔파다르

enfadarse 🅟 화나다, 성나다, 노하다
엠파다르세

enfermar
엠페르마르
🅣 병에 걸리게 하다; 맥을 못추게 하다. 🅩 병들다, 병에 걸리다, 앓다

154

enfrentar 타 대면시키다 엠프렌따르	engaño 남 속임수, 사기 엥가뇨
enfrente 부 앞에, 정면에 엠프렌떼	engrasar 타 기름을 칠하다 엥그라사르
enfermizo, za 엠페르미소, 사	형 병약(病弱)한
enfermo, ma 엠페르모, 마	형 아픈. 남여 환자, 병자
enfrente de 엠프렌떼 데	…의 앞에, 정면에
enfriar 엠프리아르	타 식히다, 냉각시키다
enganchar 엥간차르	타 자물쇠를 잠그다
engañar 엥가냐르	타 속이다, 사기하다
engañoso, sa 엥가뇨소, 사	형 속이는, 사기하는
engordar 엥고르다르	타 살찌게 하다. 자 살찌다
engrandecer 엥그란데세르	타 증가시키다, 크게 하다
engreído, da 엥그레이도, 다	형 우쭐거리는, 으스대는, 뽐내는

enigma 남 수수께끼	enlace 남 연락, 연결
에니그마	엔라세
enjabonar 타 비누로 빨다	enlazar 타 연결하다
엔하보나르	엔라사르
enjuagar 타 헹구다	enmienda 여 수정, 정정
엥후아가르	엠미엔다

enhorabuena　　　　　　　여 축하, 경하; 축사
엔오라부에나

enjuagarse　　재귀 (자신의 몸의 일부를) 헹구다
엥후아가르세

enjuagarse la boca　　　　　　입을 헹구다
엥후아가르세 라 보까

Enjuágate la boca.　　　　　　입을 헹구어라
엥후아가떼 라 보까

enjugar　　　　　타 말리다; 닦다, 훔치다
엔후가르

enloquecer　　　　　타 정신병자로 만들다
엔로께세르

enmendar　　　　　타 수정하다, 고치다
엠멘다르

enojar 타 화나게 하다, 성나게 하다, 노하게 하다
에노하르

enojarse　　　　재귀 화내다, 성내다, 노하다
에노하르세

enojo 명 화냄, 성냄, 노함 에노호	enseguida 부 즉시, 곧 엔세기다
enorme 형 큰, 거대한 에노르메	enseñanza 여 교육 엔세냔사
enredar 타 얽히게 하다 엔레다르	ensuciar 타 더럽히다 엔수씨아르
enredo 명 일이 얽힘, 분규 엔레도	ensueño 명 꿈; 환상 엔수에뇨
ensalada 여 샐러드 엔살라다	entablar 타 판자로 덮다 에따블라르
ensayista 남여 수필가 엔사이스따	entender 타 이해하다 엔뗀데르

enriquecer 타 풍부하게 하다, 부자가 되게 하다
엔뤼께쎄르

ensanchar 타 확장하다, 넓히다
엔산차르

ensayar 타 시도하다, 시험하다
엔사야르

ensayo 명 수필, 에세이; 시도, 시험
엔사요

enseñar 타 가르치다; 보이다, 표시하다
엔세냐르

ensordecedor, ra 형 귀청이 터질 듯한, 지독한
엔소르데쎄도르, 라

enterar 타 알리다, 가르치다 엔떼라르		entierro 남 매장 엔띠에로	
enterrar 타 매장하다 엔떼라르		entraña 여 내장, 창자 엔뜨라냐	
entidad 여 실체, 본체 엔띠닫		entre 전 사이에 엔뜨레	

¿Me entiendes? 　　　　　　　내 말 이해하니?
메 엔띠엔데스

entendimiento 　　　　　　남 이해, 이해력, 분별
엔뗀디미엔또

enterado, da 　　　　　　　형 아는, 알고 있는
엔떼라도, 다

enterarse 　　　　　　　　재귀 알다, 양해하다
엔떼라르세

entero, ra 　　　　　　　　형 온전한, 완전한
엔떼로, 라

entonación 　　　　　　　여 억양, 인토네이션
엔또나씨온

entonces 　　　　　　부 그때, 그 당시. 남 당시
엔똔쎄스

entrada 　　　　　여 입구, 입장, 입장료, 입장권
엔뜨라다

entrar 　　　　　　　　　　자 들어가다, 들어오다
엔드라르

entrega 여 인도, 인계	entrevista 여 인터뷰, 회견
엔뜨레가	엔뜨레비스따
entremés 남 오르되브르	enturbiar 타 흐리게 하다
엔뜨레메스	엔뚜르비아르
entrenarse 재귀 연습하다	entusiasmar 타 열광시키다
엔뜨레나르세	엔뚜씨아스마르
entretanto 부 그런 사이에	entusiasmo 남 열광
엔뜨레딴또	엔뚜씨아스모
entretener 타 즐겁게 하다	enumerar 타 열거하다
엔뜨레떼네르	에누메라르

entregar 타 인도하다, 건네다
엔뜨레가르

Entreguen la llave de mi habitación
엔뜨레겐 라 야베 데 미 아비따씨온
(호텔에서) 제 방 열쇠 주세요

entrenador, ra 남여 감독, 코치, 트레이너
엔뜨레나도르, 라

entrenamiento 남 훈련, 연습
엔뜨레나미엔또

entrevistar 타 회견하다, 인터뷰하다
엔뜨레비스따르

entristecerse 재귀 슬퍼하다, 괴로워하다, 낙담하다
엔뜨리스떼쎄르세

entusiasmar 타 열광시키다, 감격시키다
엔뚜씨아스마르

envejecer 엠베헤세르	타 노화시키다	época 에뽀까	여 시대; 시기
envenenar 엠베네나르	타 독을 타다	equilibrio 에낄리브리오	남 평형
enviar 엔비아르	타 보내다	equipaje 에끼빠헤	남 수화물, 짐
envidia 엠비디아	여 질투, 새암	equipar 에끼빠르	타 공급하다
envío 엔비오	남 파견; 송부	equipo 에끼뽀	남 팀
épica 에삐까	여 서정시	equipo coreano 에끼뽀 꼬레아노	한국 팀
epidemia 에삐데미아	여 유행병	equitación 에끼따씨온	여 승마, 마술

entusiasta 엔뚜씨아스따 　　　　　남여 광, 열광자, 광신자

envidiar 엠비디아르 　　　　　타 질투하다, 새암하다, 시새우다

envolver 엠볼베르 　　　　　타 싸다, 포장하다

episodio 에삐소디오 　　　　　남 삽화, 에피소드

equivalente 에끼발렌떼 　　　　　형 동등한, 대등한

era 에라	여 기원; 시기; 시대
erguir 에르기르	타 세우다, 일으키다
erótico, ca 에로띠꼬, 까	형 색정적인
equivaler 에끼발레르	자 (과) 같다, 대등하다
equivocación 에끼보까씨온	여 잘못, 과실, 오류
equivocar 에끼보까르	타 착각을 일으키게 하다
equivocarse 에끼보까르세	재귀 실수하다, 틀리다
equívoco, ca 에끼보꼬, 까	형 애매한; 수상한
erigir 에리히르	타 세우다; 창립하다, 건립하다, 건설하다
erizar 에리사르	타 (머리털을) 곤두세우다
error 에로르	남 잘못, 실수, 과오, 과실
erudito, ta 에루디또, 따	형 박학한, 박식한
errar 에롸르	타 잘못하다, 틀리다
erupción 에룹씨온	여 폭발, 분화
esbelto, ta 에스벨또, 따	형 날씬한

esbozo 에스보소	남 스케치, 소묘	escaño 에스까뇨	남 의석(議席)
escala 에스깔라	여 착륙지	escaparate 에스까빠라떼	남 쇼윈도
escalar 에스깔라르	타 기어오르다	escape 에스까뻬	남 도망
escalera 에스깔레라	여 계단	escarcha 에스까르차	여 서리
escalofrío 에스깔로프리오	남 오한(惡寒)	escarchar 에스까르차르	자 서리가 내리다
escalón 에스깔론	남 (계단의) 단	escarlata 에스까를라따	형 진홍색의
escampar 에스깜빠르	자 비가 멎다	escasez 에스까세스	여 부족, 결핍
escándalo 에스깐달로	남 스캔들, 추문	escaso, sa 에스까소, 사	형 부족한

escalera mecánica
에스깔레라 메까니까 　　　　　에스컬레이터

escalerilla
에깔레리야 　　　　　여 (비행기의) 트랩

escandaloso, sa
에스깐달로소, 사 　　　　　형 평판이 나쁜, 중상의

escapar
에스까빠르 　　　　　자 도망치다, 피하다

escena 에세나	여 무대; 장면
escenario 에세나리오	남 무대
escéptico, ca 에셉띠꼬	형 회의적인
esclarecer 에스끌라레세르	타 해명하다
esclavo, va 에스끌라보, 바	남여 노예
escoba 에스꼬바	여 비
escoger 에스꼬헤르	타 고르다
escolta 에스꼴따	여 호위, 호송
escolar 에스꼴라르	형 학교의. 남여 생도, 학생
escoltar 에스꼴따르	타 호위하다, 호송하다
escribir 에스끄리비르	자타 쓰다, 편지를 하다
escrito, ta 에스끄리또, 따	형 쓰인, 문서화된
escombro 에스꼼브로	남 돌 부스러기
esconder 에스꼰데르	타 숨기다
esconderse 에스꼰데르세	재귀 숨다
escondite 에스꼰디떼	남 숨바꼭질
escopeta 에스꼬뻬따	여 엽총
escritor, ra 에스끄리또르, 라	남여 작가, 저자
escritorio 에스끄리또리오	남 사무용 책상
escritura 에스끄리뚜라	여 글씨; 문자

escuchar 타 듣다, 청취하다 에스꾸차르	**esgrima** 여 펜싱 에스그리마
escudo 남 방패; 문장(紋章) 에스꾸도	**esmalte** 남 에메날드 에스말떼
escuela 여 학교 에스꾸엘라	**espacio** 남 우주, 공간 에스빠씨오
ese, sa 형 그, 그러한 에세, 사	**espada** 여 칼, 검 에스빠다
ése, sa 대 그것 에세, 사	**espalda** 여 등, 배후 에스빨다
esencia 여 본질, 정수 에센씨아	**espantar** 타 놀라게 하다 에스빤따르
esfera 여 구, 구체; 영역 에스페라	**espanto** 남 공포 에스빤또
esforzarse 재귀 노력하다 에스포르사르세	**especia** 여 향신료, 향료 에스뻬씨아
esfuerzo 남 노력 에스푸에르소	**especial** 형 특별한 에스뻬씨알

esencial 형 본질적인; 중요한
에센씨알

eso 대 그것 (중성 지대 대명사). a eso de … 경에.
에소 por eso 그래서, 그러므로

España ((국명)) 서반아, 에스빠냐, 스페인
에스빠냐

especialista 남여 전문가 에스뻬씨알리스따	espejo 남 거울 에스뻬호
específico, ca 형 특수한 에스뻬씨피꼬, 까	espera 여 기다림 에스뻬라
espectador 남 구경꾼 에스뻭따도르	esperanza 여 희망 에스뻬란사
especular 자 투기하다 에스뻬꿀라르	espejo, ja 형 짙은, 농후한 에스뻬호, 하

español, la
에스빠뇰, 라
형 서반아의, 에스빠냐의, 스페인의. 남여 서반아 사람, 에스빠냐 사람, 스페인 사람. 남 서반아어, 에스빠냐 어, 스페인 어

esparcir 타 흩뿌리다, 끼얹다
에스빠르씨르

espárrago 남 아스파라거스
에스빠르라고

especialidad 여 특성; 특기; 전문
에스뻬씨알리닫

especialmente 부 특별히, 특히
에스뻬씨알멘떼

espectáculo 남 흥행; 광경, 경관
에스뻭따꿀로

mirarse en el espejo 거울을 보다
미라르세 엔 엘 에스뻬호

espía 에스삐아	남여 스파이, 간첩	espinazo 에스삐나소	남 척추
espiar 에스삐아르	자 스파이 짓을 하다	espionaje 에스삐오나헤	남 간첩 행위
espiga 에스삐가	여 이삭	esponja 에스뽕하	여 스펀지, 해면
espina 에스삐나	여 가시	esposa 에스뽀사	여 아내

esperar 에스뻬라르 — 타 기다리다; 바라다, 희망하다

Espera un momento 에스뻬라 움 모멘또 — 잠깐만 기다려라

Espere un momento 에스뻬레 움 모멘또 — 잠깐만 기다리세요

espesor 에스뻬소르 — 남 두터움; 농후함; 농도

espíritu 에스삐리뚜 — 남 정신, 마음; 영혼

espiritual 에스삐리뚜알 — 형 정신의, 정신적인

espléndido, da 에스쁠렌디도, 다 — 형 눈부신, 화려한, 찬란한; 훌륭한, 멋진

esplendor 에스쁠렌도르 — 남 영예, 영광; 광휘, 광채

esposo 에스뽀소	남 남편	esquí 에스끼	남 스키
espuela 에스뿌엘라	여 박차(拍車)	esquiar 에스끼아르	자 스키를 타다
espuma 에스뿌마	여 거품	estable 에스따블레	형 안정된
esqueleto 에스껠레또	남 해골, 골격	estacionar 에스따씨오나르	타 주차시키다

espontáneo, a 에스뽄따네오, 아   형 자발적인; 자연 발생의

esquema 에스께마   남 도표, 도식; 개요

esquiador, ra 에스끼아도르, 라   남여 스키 타는 사람

esquina 에스끼나   여 길모퉁이; 모서리

hacer esquina 아쎄르 에스끼나   길모퉁이를 이루다

esquivar 에스끼바르   타 피하다, 비켜서다

establecer 에스따블레세르   타 설립하다; 확립하다; 제정하다

establecimiento 에스따블레씨미엔또   남 설립; 제정; 시설

estadista 에스따디스따	남여 정치가	estanco 에스땅꼬	남 담배 가게
estado civil 에스따도 씨빌	결혼 상황	estantería 에스딴떼리아	여 선반; 책장

estación
에스따씨온
여 역, 정거장; 계절

estacionamiento
에스따씨오나미엔또
남 주차, 주차장

estadio
에스따디오
남 경기장, 스타디움

estadística
에스따디스띠까
여 통계, 통계학

estado
에스따도
남 상태; 신분; 국가; 주

Estados Unidos de América
에스따도스 우니도스 에 아메리까
남복 미국, 아메리카 합중국

estadounidense
에스따도우니덴세
형 미국의. 남여 미국 사람

estallar
에스따야르
타 파열하다, 폭발하다; 돌발하다

estampa
에스땀빠
여 판화; 삽화; 스탬프

estancia
에스딴시아
여 체재; ((남미)) 농장

estar 에스따르	자 있다, 이다	este, ta 에스떼, 따	형 이
estatua 에스따뚜아	여 조각상, 조상, 상	éste, ta 에스떼, 따	대 이것
estatura 에스따뚜라	여 신장, 키	estéril 에스떼릴	형 불모의
estatuto 에스따뚜또	남 법규; 규약	estilográfica 에스띨로그라피까	여 만년필
este 에스떼	남 동(東), 동쪽	estimular 에스띠물라르	타 자극하다

estanque
에스땅께
남 못, 연못, 저수지

estante
에스딴떼
남 선반, 찬장, 책장

estético, ca   형 미학의; 심미적인; 미용의. 여 미학
에스떼띠꼬, 까

estilo
에스띨로
남 양식, 형, 스타일; 문체

estimación
에스띠마씨온
여 존경; 존중; 평가; 견적

estirar
에스띠라르
타 잡아당기다, 늘이다

esto
에스또
대 이것 (중성 지시 대명사)

estímulo 에스띠물로	남 자극; 자극제	estrecho, cha 에스뜨레초, 차	형 좁은
estómago 에스또마고	남 위(胃)	estrella 에스뜨레야	여 별
estornudo 에스또르누도	남 재채기	estricto, ta 에스뜨릭또, 따	형 엄격한
estrechar 에스뜨레차르	타 좁히다	estructura 에스뜨룩뚜라	여 구조, 구성

estorbar
에스또르바르 타 괴롭히다; 방해하다

estornudar
에스또르누다르 자 재채기를 하다

estrangular
에스뜨랑굴라르 타 교살하다; 질식시키다

estratégico, ca
에스뜨라떼히꼬, 까 형 전략상의

estrellarse
에스뜨레야르세 재귀 산산조각이 나다

estrenar
에tm뜨레나르 자 초연하다, 데뷔하다, 개봉하다

estreno
에스뜨레노 남 초연, 데뷔, 개봉

estuche
에스뚜체 남 작은 상자, 케이스

estudiante 에스뚜디안떼	남여 학생	Europa 에우로빠	여 유럽
estufa 에스뚜파	여 난로	evangelio 에방헬리오	남 복음, 복음서
etapa 에따빠	여 단계, 시기	evaporar 에바뽀라르	타 증발시키다

estudiar
에스뚜디아르
    동타 공부하다, 연구하다

estudio
에스뚜디오
    남 공부, 연구; 스튜디오

estupendo, da
에스뚜뻰도, 다
    형 굉장한, 대단한, 훌륭한

estúpido, da
에스뚜삐도, 다
    형 뚱딴지같은, 어리석은

eterno, na
에떼르노, 나
    형 영원의, 영구한

ético, ca
에띠꼬, 까
    형 윤리의. 여 윤리, 윤리학

etiqueta
에띠께따
    여 예의 범절, 에티켓; 라벨

euro
에우로
    남 에우로, 유로, 유로화

europeo, a
에우로뻬오, 아
    형 유럽의. 남여 유럽 사람

evaporarse [재귀] 증발하다 에바뽀라르세	exactamente [부] 정확히 엑삭따멘떼
evasión [여] 도피, 도망 에바씨온	exactitud [여] 정확함 엑삭띠뚣
evidencia [여] 명백함; 증거 에비덴씨아	exacto, ta [형] 정확한 엑싹또, 따
evidente [형] 명백한 에비덴떼	exagerar [타] 과장하다 엑사헤라르
evitar [타] 피하다 에비따르	excepción [여] 예외 엑셉씨온

evolución [여] 진전, 전개; 발전; 진화
에볼루씨온

evolucionar [자] 진화하다, 발전하다
에볼루씨오나르

examen [남] 시험; 검사; 진찰
엑사멘

examinar [타] 조사하다, 시험하다
엑사미나르

excelencia [여] 우수, 훌륭함, 뛰어남
엑셀렌씨아

excelente [형] 훌륭한, 뛰어난, 우수한
엑셀렌떼

No hay regla sin excepción 예외 없는 규칙은 없다
노 아이 뤼글라 씬 엑셉씨온

excepcional 형 예외의 엑셉씨오날	exclamación 여 감탄 엑스끌라마시온
excepto 전 제외하고 엑셉또	exclamar 자 외치다 엑스끌라마르
exceso 남 과잉; 초과 엑세소	existencia 여 존재 엑시스뗀시아
excitación 여 흥분, 자극 엑시따씨온	existir 자 존재하다, 있다 엑시스띠르

excesivo, va 형 지나친, 고도한
엑세시보, 바

excitar 타 흥분시키다, 자극하다
엑시따르

excluir 타 제외하다, 추방하다
엑스끌루이르

exclusivo, va 형 독점의, 배타적인. 여 독점권, 독점 기사
엑스끌루시보, 바

excursión 여 소풍, 관광 여행
엑스꾸르씨온

exhibición 여 전시, 전시회; 공개
엑스이비시온

exigir 타 요구하다, 요청하다
엑시히르

éxito 남 성공. tener éxito 성공하다
엑씨또

expectiva 엑스뻭띠바	여 기대	exportación 에스뽀르따씨온	여 수출
experiencia 에스뻬리엔씨아	여 경험	exportar 에스뽀르따르	타 수출하다
experimento 에스뻬리멘또	남 실험	expresión 에스쁘레씨온	여 표현; 표정
explicación 에스쁠리까씨온	여 설명, 해설	expulsar 에스뿔사르	타 추방하다

expansión
엑스빤시온
여 팽창; 확대, 발전

experimentar
에스뻬리멘따르
타 실험하다; 체험하다

explicar
에스쁠리까르
타 설명하다, 해설하다

exponer
에스뽀네르
타 전시하다, 진열하다; 채굴하다

exportador, ra
에스뽀르따도르, 라
형 수출하는. 남여 수출업자

exposición
에스뽀씨씨온
여 전시, 전시회, 전람회; 표명

expresar
에스쁘레사르
타 표현하다, 나타내다

exquisito, ta
에스끼시또, 따
형 맛이 좋은; 절묘한

exterior 에스떼리오르	형 밖의, 외부의	extra 에스뜨라	형 여분의
extintor 에스띤또르	남 소화기	extraer 에스뜨라에르	타 뽑다, 빼다

extender
에스뗀데르
타 확장하다, 넓히다

extensión
에스뗀시온
여 면적; 확대, 연장

extenso, sa
에스뗀소, 사
형 광대한, 넓은

extinguiir
에스띵기르
타 (불을) 끄다; 없애다

extracción
에스뜨락씨온
여 뽑아내기, 빼기, 적출, 추출

extranjero, ra
에스뜨랑헤로, 라
형 외국의. 남여 외국 사람. 남 외국

extrañar
에스뜨라냐르
자타 이상하게 생각하다

extraño, ña
에스뜨라뇨, 냐
형 이상한, 괴상한, 기묘한

extraordinario, ria
에스뜨라오르디나리오, 아
형 기묘한, 이상한; 특별한; 임시의

extremista
에스뜨레미스따
형 과격주의의. 남여 과격주의자

extremidad 여 끝, 선단
에스뜨레미닫

extremo, ma 형 끝의, 마지막의; 극단의, 끝; 극단
에스뜨레모, 마

F

fábrica 파브리까	여 공장	factor 팔또르	남 요인; 인수
fabricación 파브리까씨온	여 제조	factura 팍뚜라	여 청구서, 송장
fachada 파차다	여 (건물의) 정면	facultad 파꿀딴	여 단과 대학
fácil 파씰	형 쉬운, 용이한	faena 파에나	여 일, 작업, 노동
facilidad 파씰리닫	여 용이함, 쉬움	faja 파하	여 띠, 허리띠
facilitar 파씰리따르	타 용이하게 하다	falda 팔다	여 스커트
facsímil 팍씨밀	남 팩시밀리	fallar 파야르	자 실패하다

fabricante 파브리깐떼   남여 제조업자, 메이커

fabricar 파브리까르   타 제조하다, 만들다

facción 팍씨온   여 분파. 여복 용모

fácilmente 파씰멘떼   부 쉽게, 용이하게

facturar 팍뚜라르   타 청구하다, 송장을 작성하다

fallecer 재 죽다, 사망하다 파예세르	fama 여 평판, 명성 파마
falsificación 여 위조 팔시피까시온	familia 여 가족 파밀리아
falsificar 타 위조하다 팔씨피까르	familiar 형 가족의, 친척 파밀리아르
falso, sa 형 거짓의, 허위의 팔소, 사	famoso, sa 형 유명한 파모소, 사
falta 여 부족, 결여, 결핍 팔따	fantasía 여 공상, 환상 판따씨아
sin falta 틀림없이, 꼭 씬 팔따	fantasma 남 유령 판따스마
hacer falta 필요하다 아쎄르 팔따	farmacia 여 약국 파르마시아

fallecimiento 남 사망, 죽음
파예시미엔또

faltar 자타 부족하다; 필요하다
팔따르

fanático, ca 형 광신적인, 열광적인
파나띠꼬, 까

fantástico, ca 형 공상적인, 환상적인
판따스띠꼬, 까

farmacéutico, ca 형 약학의, 제약의
파르마쎄우띠꼬, 까

faro 파로	남 등대	favor 파보르	남 호의, 애호, 친절
farola 라롤라	여 가로등	por favor 뽀르 파보르	제발, 부디
farsa 파르사	여 광대 놀이	favorable 파보라블레	형 유리한
fascinar 파씨나르	타 매혹하다	favorecer 파보레쎄르	타 유리하게 하다
fase 파세	여 국면, 단계	faz 파스	여 얼굴
fatal 파딸	형 숙명적인, 치명적인	fe 페	여 믿음
fatiga 파띠가	여 피로	fealdad 페알닫	여 추함, 미움
fatigar 파띠가르	타 피로하게 하다	febrero 페브레로	남 2월

fastidiar   귀찮게 하다, 불쾌하게 하다
파스디아르

fastidio   남 불쾌함, 귀찮게 함
파스띠디오

hacer el favor de + 동사 원형   …해 주시다
아쎄르 엘 파보르 데

favorito, ta   형 아주 좋아하는, 마음에 드는
파보리또, 따

fecha 페차	여 날짜	feliz 펠리스	형 행복한
felicidad 펠리씨닫	여 행복; 행운	felizmente 펠리스멘떼	부 행복하게
felicitación 펠리씨따씨온	여 축하; 축사	fenómeno 페노메노	남 현상
felicitar 펠리씨따르	타 축하하다	feo, a 페오, 아	형 미운, 못생긴

fecundo, da   형 비옥한; 다산의
페꾼도, 다

federación   여 연방; 연합, 연맹
페데라씨온

¡Feliz Año Nuevo!   새해 복 많이 받으세요!
펠리스 아뇨 누에보

¡Feliz cumpleaños!   생일을 축하합니다!
펠리스 꿈쁠레아뇨스

¡Feliz Navidad!   즐거운 크리스마스가 되기를!
펠리스 나비닫

¡Feliz Navidad y Próspero Año Nuevo!
펠리스 나비닫 이 쁘로스뻬로 아뇨 누에보
즐거운 크리스마스가 되시고 새해 복 많이 받으십시오!

femenino, na   형 여성의, 여자 같은
페메니노, 나

feria   여 박람회, 전람회; 시장; (연례) 축제
페리아

feroz 페로스	형 잔인한	fervor 페르보르	남 열의, 열렬함
férreo, a 페레오, 아	형 철의, 쇠의	festejar 페스떼하르	타 환대하다
ferrocarril 페로까르릴	남 철도	festejo 페스떼호	남 잔치, 축하연
ferroviario, ria 페르로비아리오, 리아	형 철도의	día festivo 디아 페스띠보	경축일
fértil 페르띨	형 비옥한; 풍요로운	fianza 피안사	여 보증금; 보석금
fertilizante 페르띨리산떼	남 비료	fiarse 피아르세	재귀 믿다
fertilizar 페르띨리사르	타 비옥하게 하다	fibra 피브라	여 섬유
ferviente 페르비엔떼	형 열렬한	ficción 픽씨온	여 허구, 픽션

festival
페스띠발   남 페스티벌, 음악제, 영화제

festivo, va
페스띠보, 바   형 경축의; 흥겨운

fiar
피아르   타 보증하다. 자 신용하다

ficha
피차   여 토큰, (공중전화용) 코인

fidelidad 여 충실함, 성실 피델리닫	**fila** 여 열(列) 필라
fideo 남 국수, 피데오 피데오	**filete** 남 (소나 돼지의) 안심 필레떼
fiebre 여 열, 열병 피에브레	**filial** 형 아들의. 여 자회사 필리알
fiel 형 충실한 피엘	**filmar** 타 (영화를) 촬영하다 필마르
fielmente 부 충실히 피엘멘떼	**filme** 남 필름 필메
fiero, ra 형 용맹한. 여 맹수 피에로, 라	**filo** 남 칼날 피로
fiesta 여 파티, 축제, 축제일 피에스따	**filosofía** 여 철학 필로소피아
fijar 타 고정하다 피하르	**filosófico, ca** 형 철학의 필로소피꼬, 까
fijarse en (무엇을) 보다 피하르세 엔	**filósofo, fa** 남여 철학자 필로소포, 파
fijo, ja 형 고정된 피호, 하	**filtro** 남 필터, 여과기 필뜨로
figura 여 모습, 생김새, 외모, 모양 피구라	
figurar 타 그림[조각]으로 나타내다 피구라르	

fin 핀	남 끝; 목적	firmar 피르마르	자타 서명하다
final 피날	형 최후의. 남 끝	firme 피르메	형 견고한; 확고한
finalidad 피날리닫	여 목적	fisiología 피씨올로히아	여 생리학
finca 핑까	여 가옥, 부동산; 농장	fisonomía 피소노미아	여 인상(人相)
firma 피르마	여 서명	flaco, ca 플라꼬, 까	형 여윈; 약한

Buen fin de semana 주말을 잘 보내십시오
부엔 핀 데 세마나

finalizar 타자 끝내다, 끝나다
피날리사르

financiero, ra 형 재정의, 금융의
피난시에로, 라

fingir 타 빙자하다, 꾸미다, 짐짓 꾸미다
핑히르

fino, na 형 가는; 얇은; 상질의; 세련된
피노, 나

fiscal 형 국고의, 재정의. 남여 검사(檢事)
피스깔

físico, ca 형 물리학의; 물질의; 육체적인. 여 물리학. 남여 물리학자
피씨꼬, 까

| flauta 플라우따 | 여 피리, 플루트 | flota 플로따 | 여 선단; 함대 |

flecha 플레차 — 여 화살

flotar 플로따르 — 자 뜨다

flojo, ja 플로호, 하 — 형 무기력한

fluctuar 플룩뚜아르 — 타 변동하다

flor 플로르 — 여 꽃

foco 포꼬 — 남 초점

florecer 플로레세르 — 자 꽃이 피다

fogón 포곤 — 남 부뚜막

florería 플로레리아 — 여 꽃집, 꽃가게

folleto 포예또 — 남 소책자, 팸플릿

El tiempo corre como una flecha 세월은 유수와 같다
엘 띠엠뽀 꼬릐 꼬모 우나 플레차

fletar 플레따르 — 타 (배, 비행기를) 전세 내다

flexible 플렉시블레 — 형 유연한, 낭창낭창한

florero, ra 플로레로, 라 — 남여 꽃장수, 꽃집 주인

florista 플로리스따 — 남여 꽃장수, 꽃집 주인

fomentar 포멘따르 — 타 촉진하다, 장려하다

fonda 여 간이 여관, 여인숙 폰다	fórmula 여 형식; 서식 포르물라
forastero, ra 형 타국의 포라스떼로, 라	formulario 남 서식 용지 포르물라리오
forma 여 형태, 형식 포르마	fortalecer 타 강하게 하다 포르딸레세르
formal 형 형식적인; 정식의 포르말	fortaleza 여 요새, 성채 포르딸레사
formalidad 여 수속 포르말리닫	fósforo 남 성냥 포스포로

fonético, ca 형 음성학의. 여 음성학
포네띠꼬, 까

formación 여 형성, 형식, 방법
포르마시온

formar 타 형성하다; 양성하다
포르마르

formidable 형 경이적인, 굉장한
포르미다블레

formular 타 (서식을) 작성하다; 표명하다
포르물라르

fortuna 여 운명; 행운; 재산
포르뚜나

forzar 타 강제하다, 무리하게 …시키다
포르사르

| foto 포또 | 여 사진 | fraile 프라일레 | 남 수도사, 수사 |

fotografía 포또그라피아 — 여 사진

frac 프락 — 남 예복, 연미복

fracasar 프라까사르 — 자 실패하다

fracaso 프라까소 — 남 실패

fractura 프락뚜라 — 여 골절

frágil 프라힐 — 형 부서지기 쉬운

Francia 프란씨아 — 여 ((국명)) 프랑스

franqueo 프랑께오 — 남 우편 요금

franqueza 프랑께사 — 여 솔직함

frasco 프라스꼬 — 남 작은 병

frase 프라세 — 여 구, 어구, 문장

fraternal 프라떼르날 — 형 형제의; 우애의

fotógrafo, fa 포또그라포, 파 — 남여 사진사, 사진가, 카메라맨

fracturarse 프락뚜라르세 — 재귀 삐다, 골절되다

fragmento 프라그멘또 — 남 파편, 단편, 조각

francés, sa 프란쎄스, 사 — 형 프랑스의. 남여 프랑스 사람. 남 프랑스 어

franco, ca 프랑꼬, 까 — 형 솔직한; 무관세의

fraude 명 부정, 사기
프라우데

frecuencia 여 빈번함, 빈도
프레꾸엔씨아

frecuente 형 빈번한, 잦은
프레꾸엔떼

fregar 타 닦다, 문지르다
프 레가르

fresa 여 딸기
프레사

fruta fresca 신선한 과실
프루따 프레스까

frigorífico 명 냉장고
프리고리피꼬

frío, a 형 찬, 추운. 명 추위
프리오, 아

agua fría 찬 물, 냉수
아구아 프리아

Hace frío 날씨가 춥다
아쎄 프리오

frito, ta 형 튀긴
프리또, 따

patatas fritas 감자 튀김
빠따따스 프리따스

frecuentar 자 …에 자주 가다
프레꾸엔따르

freír 타 프라이하다, 기름에 튀기다
프레이르

frente 여 이마. 명 정면; 전선
프렌떼

fresco, ca 형 시원한, 서늘한; 신선한, 싱싱한. 명 시원함.
프레스꼬, 까

pescado fresco 신선한 생선
뻬스까도 프레스꼬

Hace fresco 날씨가 시원하다
아쎄 프레스꼬

| frontera 프론떼라 | 여 국경 | fuera 푸에라 | 부 바깥에, 밖에 |

| frotar 프로따르 | 타 마찰하다, 문지르다 | fuera de 푸에라 데 | …의 밖에 |

| frustrar 프루스뜨라르 | 타 좌절시키다 | fuerte 푸에르떼 | 형 강한, 힘찬 |

| fruta 프루따 | 여 과일, 과실 | fuerza 푸에르사 | 여 힘; 군, 병력 |

| frutería 프루떼리아 | 여 과일 가게 | fuga 푸가 | 여 도망, 도주 |

| frutero, ra 프루떼로, 라 | 남여 과일장수 | fugarse 푸가르세 | 재귀 도망하다 |

| fruto 프루또 | 남 열매; 성과 | fumador, ra 푸마도르, 라 | 남여 흡연자 |

| fuego 푸에고 | 불, 화재 | fumar 푸마르 | 자 흡연하다 |

| fuente 푸엔떼 | 여 분수, 샘, 우물 | No fumar 노 푸마르 | 금연 |

fuertemente
푸에르떼멘떼
부 강하게, 힘차게

No fumen
누 푸멘
금연, 담배 피우지 마세요

función
풍씨온
여 기능; 직무; 상연

fundación 푼다씨온	여 설립, 창설
fúnebre 푸네브레	형 장례식의
funeral 푸네랄	남 장례식
furia 푸리아	여 격노, 분격
estar furioso 에스따르 푸리오소	화를 내다
funcionar 풍씨오나르	자 작용하다, 작동하다
funcionario, ria 풍씨오나리오, 리아	남여 공무원
fundamental 푼다멘딸	형 기본적인, 근본적인
fundamento 푼다멘또	남 기초; 근거
fundar 푼다르	타 설립하다, 창설하다, 건설하다
furioso, sa 푸리오소, 사	형 격노한, 화를 낸
fusionar 푸씨오나르	타 융합시키다; 합병시키다
furor 푸로르	남 격노
fusil 푸씰	남 총, 소총
fusilar 푸씰라르	타 총살하다
fusión 푸씨온	여 용해
fútbol 풋볼	남 축구

futbolista [남여] 축구 선수
풋볼리스따

fusionarse [재귀] 융합하다, 합병하다
푸씨오나르세

futuro, ra [형] 미래의. [남] 미래, 장래
푸뚜로, 라

G

gabán 남 코트 가방	gallo 남 수탉 가요
gabinete 남 내각; 작은 방 가비네떼	gamba 여 새우 감바
gafas 여복 안경(anteojos) 가파스	gana 여 의욕, 욕망 가나
gafas de sol 선글라스 가파스 데 솔	ganadería 여 목축 가나데리아
galán 남 미남자 갈란	ganado 남 ((집합)) 가축 가나도
galápago 남 큰 거북 갈라빠고	ganancia 여 이익 가난씨아
galleta 여 비스킷 가예따	gancho 남 갈고리 간초
gallina 여 암탉 가이나	ganso, sa 남여 ((조류)) 거위 간소, 사
carne de gallina 닭고기 까르네 데 가이나	garaje 남 차고(車庫) 가라헤

gabardina 여 비옷, 레인코트
가발디나

tener gana(s) de + 동사 원형   …하고 싶다
떼네르 가나(스) 데

ganar 자타 이기다, 돈을 벌다, 얻다
가나르

garantizar 가란띠아르 — 타 보증하다	gasolinera 가솔리네라 — 여 주유소
garganta 가르간따 — 여 목구멍	gato, ta 가또, 따 — 남여 고양이
garra 가르라 — 여 (맹수의) 발톱	gemir 헤미르 — 자 신음하다
gas 가스 — 남 가스	generación 헤네라씨온 — 여 세대; 발생
gasolina 가솔리나 — 여 가솔린, 휘발유	generoso, sa 헤네로소, 사 — 형 관대한

garantía 여 보증, 보증금; 담보
가란띠아

gaseoso, sa 형 가스 모양의. 남 산탄 음료
가세오소, 사

gastar 타 낭비하다, 소모하다, 쓰다
가스따르

gasto 남 소비, 낭비; 지출; 경비, 비용
가스또

gazpacho 남 가스빠초 ((냉수프의 일종))
가스빠초

gemelo, la 형 쌍둥이의. 남여 쌍둥이
헤멜로, 라

general 형 일반적인; 전반적인, 전체의. 남 장군(將軍)
헤네랄

196

| genial 헤니알 | 형 천재적인 | gesto 헤스또 | 남 표정; 제스처 |

| gente 헨떼 | 여 사람들 | gigante 히간떼 | 남 거인 |

| geografía 헤오그라피아 | 여 지리학 | gigantesco, ca 히간떼스꼬, 까 | 형 거대한 |

| geología 헤올로히아 | 여 지질학 | gimnasia 힘나씨아 | 여 체조 |

| geometría 헤오메뜨리아 | 여 기하학 | gimnasio 힘나씨오 | 남 체육관 |

| gerente 헤렌떼 | 남여 지배인; 이사 | gira 히라 | 여 주유; 원족, 소풍 |

| gestión 헤스띠온 | 여 수속, 처치; 관리 | girar 히라르 | 타 회전하다; 돌리다 |

generalizar 헤네랄리사르 — 타 일반화시키다

generalmente 헤네랄멘떼 — 부 일반적으로, 대개

género 헤네로 — 남 종류; 분야; 상품; ((문법)) 성

genio 헤니오 — 남 천분, 천재; 성질; 기분

ginebra 히네브라 — 여 진, 두송주(杜松酒)

girasol 　**남** 해바라기 히라솔	gobierno 　**남** 정부 고비에르노
giro 　**남** 회전; 환어음 히로	goce 　**남** 기쁨, 즐거움 고쎄
gitano, na 　**남여** 집시 히따노, 나	golf 　**남** 골프 골프
globo 　**남** 구, 구체; 풍선 글로보	golfista 　**남여** 골퍼 골피스따
globo terrestre 　지구 글로보 떼르레스뜨레	golfo 　**남** 만(灣) 골포
gloria 　**여** 영광 글로리아	golpe 　**남** 구타, 타격 골뻬
glorioso, sa **형** 영광스러운 글로리오소, 사	golpe de estado 　쿠데타 골뻬 데 에스따도

   traje de gitana　　　　　　　　　집시 여인의 옷
   뜨라헤 데 히따나

   gobernador, ra　　　　　**남여** 도지사; 총재; 총독
   고베르나도르, 라

   gobernar　　　　　　　　　**타** 통치하다, 지배하다
   고베르나르

   gobierno coreano　　　　　　　　　　한국 정부
   고비에르노 꼬레아노

   golondrina　　　　　　　　　　**여** ((조류)) 제비
   골론드리나

스페인어	한글발음	품사/뜻
dar un golpe	다르 운 골뻬	때리다
goma	고마	여 고무
gorrión	고리온	남 ((조류)) 참새
gota	고따	여 방울
gota de agua	고따 데 아구아	물방울
gozar	고사르	자타 즐기다; 소유하다
gozo	고소	남 기쁨, 즐거움
grabación	그라바씨온	여 녹음; 녹화
grabado	그라바도	남 판화; 삽화
graduarse	그라두아르세	재귀 졸업하다
golpear	골뻬아르	타 때리다, 구타하다
gordo, da	고르도, 다	형 뚱뚱한, 살찐, 비만한
gorra	고라	여 (차양이 있는) 모자
gorro	고로	남 (차양이 없는) 모자
grabadora	그라바도라	여 테이프 레코드
grabar	그라바르	타 조각하다; 녹음하다, 녹화하다
gracia	그라씨아	여 은혜, 우아함, 기품

gramática 그라마띠까	여 문법	grande 그란데	형 큰, 위대한
gramo 그라모	남 그램	granizar 그라니사르	자 우박이 내리다
gran hombre 그란 옴브레	위인	granizo 그라니소	남 우박
gran mujer 그란 무헤르	위대한 여인	granja 그랑하	여 농장(農場), 농원

gracias   여복 감사. 감 감사합니다
그라씨아스

muchas gracias   대단히 감사합니다
무차스 그라씨아스

muchísimas gracias   정말 고맙습니다
무치씨마스 그라씨아스

mil gracias   대단히 감사합니다
밀 그라씨아스

un millón de gracias   정말 고맙습니다.
운 미욘 데 그라씨아스

grado   남 정도; (온도 등의) 도; 계급
그라도

graduar   타 조절하다; 측정하다; 등급을 정하다
그라두아르

gran   형 큰, 위대한 (단수 명사 앞에서 –de 탈락형)
그란

granjero, ra 남여 농장주 그랑헤로, 라	gripe 여 유행성감기 그리뻬
grano 남 낟알; 여드름 그라노	gris 형 회색의. 남 회색 그리스
grasa 여 지방(脂肪) 그라사	color gris 회색 꼴로르 그리스
gratis 부 무료로, 공짜로 그라띠스	vestido gris 회색 드레스 베스띠도 그리스
gratitud 여 감사, 사의 그라띠뚣	gritar 동 외치다, 소리지르다 그리따르
gratuito, ta 형 무료의 그라뚜이또, 따	grito 남 외침, 절규 그리또
grave 형 중대한, 심각한 그라베	grúa 여 기중기, 크레인 그루아
gremio 남 동업 조합 그레미오	grueso, sa 형 두꺼운, 살찐 그루에소, 사
grifo 남 수도꼭지 그리포	guante 남 장갑 구안떼

gravedad 여 중대함, 중대성, 심각함; 중력
그라베닫

griego, ga 형 그리스의. 남여 그리스 사람. 남 그리스 어
그리에고, 가

dar un grito 외치다, 소리지르다
다르 운 그리또

guarda 구아르다	남여 감시인	**guerra** 게롸	여 전쟁

grupo 그루뽀   남 그룹, 동아리, 무리

guapo, pa 구아뽀, 빠   형 잘생긴, 미남의, 미녀의, 미인의

guardar 구아르다르   타 지키다, 보존하다

guardarropa 구아르다르로빠   여 휴대품 예치소; 양복장

guardería 구아르데리아   여 탁아소, 보육원

guardia 구아르디아   여 경비, 감시. 남여 경찰관

el guardia tumbado 엘 구아르디아 뚬바도   과속 방지턱

Guatemala 구아떼말라   ((국명)) 과테말라

guatemalteco, ca 구아떼말떼꼬, 까   형 과테말라의. 남여 과테말라 사람

guerrilla 게뤼야   여 게릴라, 게릴라전, 유격전

guía 기아   여 안내, 안내서. 남여 안내자, 지도자

guiar 기아르	태 안내하다	güisqui 구이스끼	남 위스키
guiñar 기냐르	자 윙크하다	guitarra 기따라	여 기타
guiño 기뇨	남 윙크	guitarrista 기따리스따	남여 기타리스트
guisante 기산떼	남 완두콩	gustar 구스따르	자 좋아하다
guisar 기사르	태 요리하다	con mucho gusto 꼰 무초 구스또	기꺼이
guiso 기소	남 요리		

guión 기온   남 시나리오, 각본; 하이픈

gusano 구사노   남 구더기, 송충이, 모충

Me gusta el té 메 구스따 엘 떼   나는 차를 좋아한다

No me gusta el café 노 메 구스따 엘 까페   나는 커피를 싫어한다

gusto 구스또   남 즐거움, 기쁨; 맛, 미각; 기호, 취미

Mucho gusto 무초 구스또   처음 뵙겠습니다

H

haba 아바	여 잠두, 누에콩
haber² 아베르	남 자산, 재산
hábil 아빌	형 유능한
habitación 아비따씨온	여 방(房)
habitación libre 아비따씨온 리브레	빈 방
habano 아바노	남 아바노 (쿠바의 여송연)
haber¹ 아베르	자 있다; (사건이) 일어나다
habilidad 아빌리닫	여 숙련, 재주, 재간
hábito 아비또	남 의복. 남복 습관, 버릇
habla 아블라	여 언어, 말, 언어 능력
hablador, ra 아블라도르, 라	형 말이 많은, 입이 가벼운
hace 아쎄	날씨가 …하다; …되었다; … 전에
habitante 아비딴떼	남 주민, 거주자
habitar 아비따르	자 살다, 거주하다
habitual 아비뚜알	형 습관적인
hablar 아블라르	타 말하다
desde hace 데스데 아쎄	… 전부터

Hace calor 아쎄 깔로르	날씨가 덥다	halago 알라고	남 아부, 아첨
Hace frío 아쎄 프리오	날씨가 춥다	hallar 아야르	타 발견하다
Hace sol 아쎄 솔	볕이 난다	hallarse 재귀 아야르세	(장소에) 있다
hacer 아쎄르	타 하다, 만들다	hallazgo 아야스고	발견; 습득물
hacha 아차	여 도끼	hambre 암브레	여 공복, 굶주림
hada 아다	여 요정(妖精)	hamburguesa 암부르게사	여 햄버거

Hace mucho tiempo que te veo   오랜만이다!
아쎄 무초 띠엠뽀 께 떼 베오

hacia   전 … 쪽으로; … 무렵, 경에
아씨아

hacienda   여 농장, 농원; 재산
아씨엔다

Ministerio de Hacienda   재무부
미니스떼리오 데 아씨엔다

halagar   타 아부하다, 아첨하다
알라가르

Tengo hambre   나는 배가 고프다
뗑고 암브레

harina 아리나	여 가루, 밀가루	hebilla 에비야	여 버클

harina 아리나 　여 가루, 밀가루

hartar 아르따르 　타 배부르게 하다

hasta 아스따 　전 까지, 조차도

hasta que 아스따 께 　…까지

hastío 아스띠오 　남 혐오, 불쾌감

hay 아이 　자 있다

hazaña 아사냐 　여 위업

harto, ta 아르또, 따 　형 포식한, 배가 부른, 싫증이 난

hay que + 동사 원형 　…해야 한다
아이 께

Hay un mercado 　시장이 있다
아이 운 메르까도

hecho, cha 　형 만들어진, 만든. 남 사실; 행동
에초, 차

Hecho en Corea 　한국 제품
에초 엔 꼬레아

hebilla 에비야 　여 버클

hebra 에브라 　여 섬유

helado 엘라도 　남 아이스크림

helar 엘라르 　타 얼리다, 동결시키다

helicóptero 엘리꼽떼로 　남 헬리콥터

hembra 엠브라 　여 암컷; 암나사

hemisferio 에미스페리오 　남 반구(半球)

heredar 에레다르	태 상속하다
hereje 에레헤	남여 이단자
herida 에리다	여 상처, 부상
herir 에리르	태 다치게 하다
herirse 에리르세	재귀 다치다
hermoso, sa 에르모소, 사	형 아름다운
hermosura 에르모수라	여 아름다움, 미
héroe 에로에	남 영웅
heroíco, ca 에로이꼬, 까	형 영웅적인
herramienta 에라미엔따	여 도구, 공구
hervir 에르비르	자 비등하다, 끓다
hielo 이엘로	남 얼음

henchir 엔치르 — 태 부풀게 하다, 채워 넣다

heredero, ra 에레데로 — 남여 상속인; 후계자

herencia 에렌씨아 — 여 유산, 상속 재산; 유전

herido, da 에리도, 다 — 형 부상당한, 다친. 남여 부상자

hermano, na 에르마노, 나 — 남여 형제, 자매, 형, 동생, 오빠, 누이, 언니

heroína 에로이나 — 여 여걸; 여주인공; 헤로인

hierba 여 풀(草) 이에르바	**hilar** 타 잣다, 실로 잣다 일라르	
hierro 남 철, 쇠 이에르로	**hilo** 남 실 일로	
hígado 남 간장; ((요리)) 간 이가도	**himno** 남 찬가; 찬미가 임노	
higiene 여 위생 이히에네	**himno nacional** 국가(國歌) 임노 나씨오날	
higiénico, ca 형 위생적인 이히에니꼬, 까	**hincha** 남여 (스포츠의) 팬 인차	
papel higiénico 화장지 빠뻴 이히니에꼬	**hipar** 자 딸꾹질하다 이빠르	
higo 남 무화과 이고	**hipo** 남 딸꾹질 이뽀	
higuera 여 무화과나무 이게라	**hipocresía** 여 위선 이뽀끄레씨아	
hijo, ja 남여 아들, 딸 이호, 하	**hipódromo** 남 경마장 이뽀드로모	
hijos 남복 아들들, 자식들 이호스	**hipótesis** 여 가설 이뽀떼씨스	

hipócrita 형 위선적인. 남여 위선자
이뽀끄리따

hispánico, ca 형 스페인 계의, 스페인 어권의
이스빠니꼬, 까

historia 여 역사 이스또리아	hombre 남 남자; 어른; 사람 옴브레
historiador, ra 남여 역사가 이스또리아도르, 라	hombro 남 어깨 옴브로
histórico, ca 형 역사적인 이스또리꼬, 까	homenaje 남 경의 오메나헤
hogar 남 가정; 난로 오가르	homicidio 남 살인, 살인죄 오미씨디오
hoja 여 잎; (책의) 장; 칼날 오하	hondo, da 형 깊은 온도, 다
hola 감 안녕하세요 ((인사)) 올라	honesto, ta 형 정직한 오네스또, 따

hispanoamericano, na 형 스페인 계 아메리카의.
이스빠노아메리까노, 나   남여 스페인 계 아메리카 사람

hojear   자 (책의) 페이지를 넘기다
오헤아르

holandés, sa   형 네덜란드의. 남여 네덜란드 사람.
올란데스, 사   남 네덜란드 어

holgazán, na   형 게으른, 나태한
올가산, 나

homicida   형 살인의. 남여 살인범
오미씨다

Honduras   ((국명)) 온두라스
온두라스

hongo 옹고	명 버섯
honor 오노르	명 명예; 광영; 체면
honra 온라	여 체면, 면목, 명예
hora 오라	여 시, 시간
horario 오라리오	명 시간표, 시각표
horizontal 오리손딸	형 수평의
hormiga 오르미가	여 ((곤충)) 개미
hormigón 오르미곤	명 콘크리트
horno 오르노	명 오븐
horóscopo 오로스꼬뽀	명 점성
horror 오르로르	명 공포; 혐오
hortaliza 오르딸리사	여 야채
hospedar 오스뻬다르	타 숙박시키다
hospedarse 오스뻬다르세	재귀 숙박하다

hondureño, na 온두레뇨, 냐   형 온두라스의. 명여 온두라스 사람

honorario, ria 오노라리오, 리아   형 명예직의. 명복 사례금

honrado, da 온라도, 다   형 정직한, 성실한

horizonte 오리손떼   명 지평선, 지평선

horrible 오뤼블레   형 무시무시한, 소름끼치는, 무서운

hospital 오스삐딸	남 병원	hotel 오뗄	남 호텔
hospitalizar 오스삐딸리사르	타 입원시키다	hoy 오이	부 오늘
hostal 오스딸	남 작은 호텔, 여관	hoyo 오요	남 작은 구멍
hostilidad 오스띨리닫	여 적의(敵意)	huelga 우엘가	여 파업

hospitalizado, da
오스삐딸리사도, 다
형 입원한

estar hospitalizado
에스따르 오스삐딸리사도
입원해 있다

hospitalizarse
오스삐딸리사르세
재귀 (병원에) 입원하다

hostil
오스띨
형 적의가 있는, 적대하는

¿Dónde hay un hotel?
돈데 아이 운 오뗄
호텔은 어디에 있습니까?

huele 동 oler(냄새나다) 동사의 직설법 현재 3인칭 단수형
우엘레

¡Qué bien huele!
께 비엔 우엘레
야, 냄새 좋다!

¡Qué mal huele!
께 말 우엘레
야, 냄새 고약하다!

huella 우에야	여 족적; 흔적	humedad 우메닫	여 습기; 습도

huerta 우에르따   여 과수원, 야채밭

humedecer 우메데쎄르   타 적시게 하다

hueva 우에바   여 어란(魚卵)

húmedo, da 우메도, 다   형 습한, 젖은

huevo 우에보   남 알, 달걀, 계란

humilde 우밀데   형 겸허한; 천한

huida 우이다   여 도망, 도주

humillar 우미야르   타 굴복시키다

huir 우이르   자 도망치다, 도주하다

humillarse 우미야르세   재귀 굴복하다

huérfano, na 우에르파노, 나   형 고아의. 남여 고아

hueso 우에소   남 뼈; (복숭아 등 견과류의) 씨

huésped, da 우에스뻬드, 다   남여 숙박객; 하숙인

una docena de huevos 우나 도쎄나 데 우에보스   달걀 한 다스 [12개]

humanidad 우마니닫   여 인류; 인간성

humano, na 우마노, 나   형 인간의; 인간적인. 남 인간

humo 동 연기(煙氣) 우모	huraño, ña 형 비사교적인 우라뇨, 냐
humor 남 기분, 기질, 성미 우모르	hurtar 타 훔치다, 사취하다 우르따르
humorismo 남 유머 우모리스모	hurto 남 사취, 도둑질 우르또
huracán 남 허리케인 우라깐	

hundir 타 침몰시키다, 가라앉히다
운디르

hundirse 재귀 가라앉다, 침몰되다
운디르세

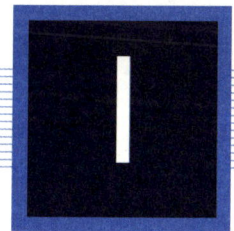

ibérico, ca 혱 이베리아의 이베리꼬, 까	**ídolo** 냠 우상 이돌로
ida 여 가기, 행로 이다	**iglesia** 여 교회 이글레씨아
idéntico, ca 혱 동일의 이덴띠꼬, 까	**ignorancia** 여 무지, 무학 익노란씨아
ideología 여 이데올로기 이데올로히아	**ignorante** 혱 모르는, 무식한 익노란떼
idioma 냠 언어 이디오마	**ignorar** 자타 모르다 익노라르

billete de ida y vuelta 왕복표
비예떼 데 이다 이 부엘따

idea 여 생각, 관념, 이상; 아이디어
이데아

ideal 혱 이상적인; 관념적인 이상
이데알

identidad 여 동일성, 본인의 증명
이덴띠닫

carné de identidad 신분 증명서
까르네 데 이덴띠닫

identificar 타 동일시하다; 신원을 확인하다
이덴띠피까르

idiota 혱 멍청한, 바보의. 냠여 바보
이디오따

igual 이괄	형 같은, 동등한	**ilegal** 일레갈	형 불법의, 위법의
dar igual 다르 이괄	똑같다	**iluminación** 일루미나씨온	여 조명
igualdad 이구알닫	여 동등, 평등	**ilusión** 일루씨온	여 환각, 착각; 환상

igualmente 이괄멘떼 — 부 같게, 동등하게. 감 당신도!

iluminar 일루미나르 — 타 밝게 하다, 비추다

ilusionar 일루씨오나르 — 타 착각을 일으키게 하다

ilusionarse 일루씨오나르세 — 재귀 착각을 일으키다

ilustración 일루스뜨라씨온 — 여 삽화, 일러스트; 예증

ilustrado, da 일루스뜨라도, 다 — 형 그림이 들어 있는; 학식이 있는

ilustrar 일루스뜨라르 — 타 삽화를 넣다; 설명하다

imagen 이마헨 — 여 상(像), 화면; 이미지

imaginación 이마히나씨온 — 여 상상, 상상력

imán 이만	남 자석	imparcial 임빠르씨알	형 공평한
imitar 이미따르	타 모방하다	impedir 임뻬디르	타 방해하다, 막다
impacto 임빡또	남 충격	imperial 임뻬리알	형 황제의, 제국의
impar 임빠르	형 기수(基數)의	imperio 임뻬리오	남 제국

imaginar 이마히나르 — 타 상상하다, 생각하다

imaginario, ria 이마히나리오, 리아 — 형 상상의, 가공의

imitación 이미따씨온 — 여 모방, 모조; 모조품

impacientar 임빠씨엔따르 — 타 초조하게 만들다

impaciente 임빠씨엔떼 — 형 참을성이 없는, 성급한

imperativo, va 임뻬라띠보, 바 — 형 명령적인. 남 ((문법)) 명령법

impermeable 임뻬르메아블레 — 남 비옷, 레인코트

impersonal 임뻬르소날 — 형 비인격적인; ((문법)) 비인칭의

impertinente 형 무례한 임뻬르띠넨떼	**importancia** 여 중요성 임뽀르딴씨아
impetu 남 과격, 격렬함 임뻬뚜	**importante** 형 중요한 임뽀르딴떼
implícito, ta 형 암묵의 임쁠리씨또, 따	**importe** 남 대금, 요금 임뽀르떼
importación 여 수입 임뽀르따씨온	**imposibilidad** 여 불가능 임뽀씨빌리닫

impetuoso, sa 형 격렬한, 맹렬한
임뻬뚜오소, 사

implacable 형 용서할 수 없는, 비정한
임쁠라까블레

implicar 타 함유하다, 함축하다
임쁠리까르

imponente 형 당당한, 위압적인
임뽀넨떼

imponer 타 강요하다, 강제하다; (세금을) 과하다
임뽀네르

importador, ra 형 수입하는. 남여 수입업자, 수입상
임뽀르따도르, 라

importar 자타 수입하다; 중요하다; 관계가 있다
임뽀르따르

No importa 상관없습니다; 천만에요
노 임뽀르따

imposible 임뽀씨블레	형 불가능한	impresión 임쁘레씨온	여 인상; 인쇄
imposición 임뽀씨씨온	여 과세	impreso 임쁘레소	남 인쇄물
impotencia 임뽀뗀씨아	여 무력, 무능	imprevisto, ta 임쁘레비스또, 따	형 의외의
imprenta 임쁘렌따	여 인쇄	imprimir 임쁘리미르	타 인쇄하다

impotente
임뽀뗀떼
형 무력한, 무능한

impreciso, sa
임쁘레씨소, 사
형 부정확한, 불명확한

imprescindible
임쁘레신디블레
형 불가결한

impresionante
임쁘레씨오난떼
형 인상적인, 감동적인

impresionar
임쁘레씨오나르
타 감동시키다, 감동을 주다

improvisar
임쁘로비사르
타 즉흥적으로 만들다

imprudencia
임쁘루덴씨아
여 경솔함, 무분별

imprudente
임쁘루덴떼
형 경솔한, 무분별한

impuesto 임뿌에스또	남 세금	incapaz 인까빠스	형 무능한
impulso 임뿔소	남 충동; 추진	incendio 인쎈디오	남 화재, 불
impuro, ra 임뿌로, 라	형 불순한	incidente 인씨덴떼	남 우발 사건
inagotable 이나고따블레	형 무진장한	incisión 인씨씨온	여 찢어진 곳
inca 잉까	남여 잉카 족의 사람	inclinación 잉끌리나씨온	여 경사; 경향

inacabable 형 한없는, 영구한
이나까바블레

inactivo, va 형 활동이 없는, 움직이지 않은
인악띠보, 바

inauguración 여 개회식, 개통식, 낙성식
이나우구라씨온

inaugurar 타 개회식을 행하다; 개시하다
이나우구라르

incertidumbre 여 불확실함
인쎄르띠둠브레

incesante 형 부단의, 그치지 않은
인쎄산떼

incierto, ta 형 확실하지 않은, 불확실한
인씨에르또, 따

incluir 잉끌루이르	태 포함하다
incluso 잉끌루소	부 포함해서
incluso tú 잉끌루소 뚜	너를 포함해서
incorrecto, ta 인꼬뤡또, 따	형 부정확한
incómodo, da 임꼬모도, 다	형 불편한, 쾌적하지 않은
incompatible 인꼼빠띠블레	형 양립할 수 없는
incomprensible 인꼼쁘렌씨블레	형 이해할 수 없는, 불가해한
inconsciente 잉꼰씨엔떼	형 무의식의, 의식이 없는
inconveniente 인꼰베니엔떼	형 부적당한. 남 지장
incrédulo, la 인끄레둘로, 라	형 의심이 많은
indagar 인다가르	태 조사하다, 수사하다
indeciso, sa 인데씨소, 사	형 미결경의; 우유부단한
increíble 잉끄레이블레	형 믿을 수 없는
inculto, ta 인꿀또, 따	형 교양이 없는
indefenso, sa 인데펜소, 사	형 무방비의
India 인디아	여 ((국명)) 인도

índice 인디쎄	남 지표; 지수; 색인	indicio 인디씨오	남 징후, 형적

indefinido, da 형 부정(不定)의, 막연한
인데피니도, 다

indemnización 여 배상, 보상
인뎀니사씨온

indemnizar 타 배상하다, 보상하다
인뎀니사르

independencia 여 독립, 자립
인데뻰덴씨아

independiente 형 독립의, 자립의
인데뻰디엔떼

indescriptible 형 말로 표현할 수 없는, 서술[묘사]할 수 없는
인데스끄립띠블레

indicar 타 지시하다, 가르키다
인디까르

indiferencia 여 무관심, 냉담
인디페렌씨아

indiferente 형 무관심한, 냉담한
인디페렌떼

indígena 형 토착의. 남여 원주민
인디헤나

indigestión 여 소화 불량, 소화 장애
인디헤스띠온

indignación 인디그나씨온	여 분개	**individuo** 인디비두오 — 남 개인, 개체
indignar 인디그나르	타 분개시키다	**índole** 인돌레 — 남 성질; 종류
indignarse 인디그나르세	재귀 분개하다	**indulgente** 인둘헨떼 — 형 관대한

indigno, na 형 가치 없는; 어울리지 않은
인디그노, 나

indio, dia 형 인도의. 남여 인도 사람; 인디언; 인디오
인디오

indirecto, ta 형 간접의, 간접적인
인디렉또, 따

indiscreto, ta 형 경솔한, 진득하지 못한
인디스끄레또, 따

indiscutible 형 의론의 여지가 없는, 명백한
인디스꾸띠블레

indispensable 형 필요 불가결한
인디스뻰사블레

individual 형 개인의, 개인적인
인디비두알

habitación individual 1인용 방
아비따씨온 인디비두알

indudable 형 의심의 여지가 없는
인두다블레

industria 여 산업, 공업 인두스뜨리아	infección 여 감염, 전염 임펙씨온
inevitabel 형 피할 수 없는 이네비따블레	infeccioso, sa 형 전염성의 임펙씨오소, 사
cuento infantil 동화 꾸엔또 임판띨	infeliz 형 불행한 임펠리스

indulgencia 여 관대함, 관용
인둘헨씨아

indultar 타 사면하다; 면제하다
인둘따르

indulmentaria 여 ((집합)) 의복
인둘멘따리아

industrial 형 산업의, 공업의
인두스뜨리알

inercia 여 관성, 타성; 활발하지 못함
이네르씨아

inesperado, da 형 예기치 못한, 기대하지 않은
이네스뻬라도, 다

infantil 형 어린이의, 유아의; 유치한
임판띨

inferior 형 열등의; 아래의; 하등의
임페리오르

infernal 형 지옥의; 무시무시한; 지독한
임페르날

ruido infernal 지독한 소음 루이도 임페르날	inflación 예 인플레이션 임플라씨온
infiel 형 부실한, 부정한 임피엘	influir 자 영향을 미치다 임플루이르
infierno 남 지옥 임피에르노	informática 예 정보 과학 임포르마띠까
infinidad 예 무수함; 무한 임피니닫	infracción 예 위반 임프락씨온
infinitivo 임피니띠보	남 부정형, 동사 원형
infinito, ta 임피니또, 따	형 무한의; 무수한
inflamar 임플라마르	타 염증을 일으키게 하다
inflamarse 임플라마르세	재귀 염증을 일으키다
influencia 임플루엔씨아	예 영향, 영향력; 세력
información 임포르마씨온	예 알림, 통지, 조회; 안내, 안내소
informar 임포르마르	타 알리다, 보고하다
informe 임포르메	남 보고, 보고서; 정보

ingenioso, sa 형 재치 있는
잉헤니오소, 사

ingenuo, nua 형 순진한
잉헤누오, 누아

Inglaterra ((나라)) 영국
잉글라떼라

inicial 형 최초의 머리글자
이니씨알

ingeniería 여 공학(工學), 엔지니어링
잉헤니에리아

ingeniero, ra 남여 기술자, 기사, 엔지니어
잉헤니에로, 라

ingenio 남 재능; 재인(才人)
잉헤니오

inglés, sa 형 영국의. 남여 영국 사람. 남 영어
잉글레스, 사

ingrato, ta 형 은혜를 모르는
잉그라또, 따

ingresar
잉그레사르
자 (안으로) 들어가다; 입학하다, 입회하다. 타 입금시키다

ingreso 남 입학; 입회; ((복수)) 수입(收入)
잉그레소

injusticia 여 부정, 부정 행위
잉후스띠씨아

iniciar 타 시작하다
이니씨아르

iniciativa 여 주도권, 솔선
이니씨아띠바

injuria 여 모욕
잉후리아

injuriar 타 모욕하다
잉후리아르

inmenso, sa 형 광대한 임멘소, 사	inmune 형 면역의 임무네
inmoral 형 부도덕한 임모랄	inmunidad 여 면역; 특권 임무니닫
inmortal 형 불멸의; 불사의 임모르딸	innovación 여 혁신, 쇄신 인노바씨온

injusto, ta 형 부정한, 부당한
잉후스또, 따

inmediatamente 부 즉시, 바로
임메디아따멘떼

inmediato, ta 형 즉시의; 직접의
임메디아또, 따

inmigración 여 이주, 입국, 입국 이민
임미그라씨온

inmóvil 형 부동의, 움직이지 않은
임모빌

innato, ta 형 타고난, 천부의
인나또, 따

innovar 타 혁신하다, 쇄신하다
인노바르

innumerable 형 무수의, 셀 수 없는
인누메라블레

inocencia 여 무죄, 결백; 순진함
이노쎈씨아

inofensivo, va 형 무해한 이노펜시보, 바	insensato, ta 형 무분별한 인센사또, 따
inquietar 타 불안하게 하다 잉끼에따르	insensible 형 무감각한 인센씨블레
inquietud 여 불안, 걱정 잉끼에뚣	insertar 타 삽입하다 인세르따르
inscripción 여 등록; 비문 인스끄립씨온	insigne 형 저명한 인씨그네
insecto 남 곤충 인섹또	insignificante 형 무의미한 인씨그니피깐떼

inocente 형 무죄의, 결백한; 순진한
이노센떼

inolvida ble 형 잊을 수 없는
이놀비다블레

inquieto, ta 형 불안한, 걱정하는
잉끼에또, 따

inquilino, na 남여 셋집에 사는 사람
잉낄리노, 나

inquirir 타 조사하다, 캐다, 심문하다
잉끼리르

inscribir 타 조각하다, 기입하다; 등록하다
인스끄리비르

inseparable 형 불가분의, 나눌 수 없는
인세빠라블레

insípido, da 형 맛이 없는 인씨삐도, 다	**inspiración** 여 영감, 감흥 인스삐라씨온
insolente 형 무례한 인솔렌떼	**inspirar** 타 영감을 주다 인스삐라르
insólito, ta 형 이례적인 인솔리또, 따	**instalar** 타 설치하다 인스딸라르

insinuar 타 시사하다, 암시하다
인씨누아르

insistir 타 고집하다, 주장하다
인씨스띠르

insoportable 형 참을 수 없는
인소뽀르따블레

inspección 여 검사, 감사; 시찰
인스뻭씨온

inspeccionar 타 검사하다, 감사하다; 시찰하다
인스뻭씨오나르

inspector, ra 남여 검사관, 시찰관
인스뻭또르, 라

instalación 여 설치, 설비; 시설
인스딸라씨온

instancia 여 간원, 청원; 청원서
인스딴씨아

instantáneo, a 형 순간적인; 즉석의. 여 스냅 사진
인스딴따네오, 아

instante 인스딴떼	남 순간	insultar 인술따르	타 모욕하다
instinto 인스띤또	남 본능	insulto 인술또	남 모욕(侮辱)
instructor, ra 인스뜨룩또르, 라	남여 교관	inteligencia 인뗄리헨씨아	여 지능, 지성
instrumento musical 인스뜨루멘또 무씨깔	악기	intención 인뗀씨온	여 의도, 의향

institución
인스띠뚜씨온 여 기관, 시설; 제도

instituto
인스띠뚜또 남 연구소, 학원, 협회

instrucción
인스뜨룩씨온 여 교육; 복 지시

instruir
인스뜨루이르 타 가르치다, 교육하다

instrumento
인스뜨루멘또 남 도구, 기구; 악기

integrar
인떼그라르 타 구성하다, 통합하다

íntegro, gra
인떼그로, 그라 형 완전한, 전부의

intelectual
인뗄렉뚜알 형 지적인, 지능의. 남여 지식인

| intensivo, va 형 집중적인
인뗀시보, 바 | interés 남 관심, 흥미
인떼레스 |
|---|---|
| intento 남 의지; 목적
인뗀또 | interesante 형 재미있는
인떼레산떼 |
| intercambio 남 교환; 교역
인떼르깜비오 | internar 타 수용하다
인떼르나르 |

inteligente 형 영리한, 머리가 좋은, 총명한, 현명한
인뗄리헨떼

intenso, sa 형 강한, 강렬한, 격한
인뗀소, 사

intercambiar 타 서로 교환하다
인떼르깜비아르

interesar 타 관심을 끌다. 자 이해 관계가 있다
인떼레사르

interior 형 내부의; 국내의. 남 내부; 인테리어
인떼리오르

intermedio, dia 형 중간의. 남 휴게
인떼르메디오, 디아

interminable 형 제한이 없는
인떼르미나블레

internacional 형 국제의, 국제적인
인떼르나씨오날

aeropuerto internacional 국제 공항
아에로뿌에르또 인떼르나씨오날

interrumpir 타 중단하다 인떼룸삐르	**amigo íntimo** 친한 친구 아미고 인띠모
intestino 남 장(腸) 인떼스띠노	**intoxicación** 여 중독 인똑씨까씨온
intimidad 여 친밀; 사생활 인띠미닫	**intoxicar** 타 중독시키다 인똑씨까르

interno, na 형 내부의, 남여 기숙생
인떼르노, 나

interpretación 여 해석; 연주; 연기
인떼르쁘레따씨온

interpretar 타 통역하다; 연주하다; 해석하다
인떼르쁘레따르

intérprete 남여 통역자, 해설자; 연주자; 연기자
인떼르쁘레떼

interrogar 타 질문하다; 심문하다
인떼르로가르

intervalo 남 (시간적이나 공간적인) 간격
인떼르발로

intervención 여 간섭, 개입; 중재; 참가
인떼르벤씨온

intervenir 자 간섭하다, 개입하다; 중재하다; 참가하다
인떼르베니르

íntimo, ma 형 친밀한; 내심의
인띠모, 마

intoxicarse 재귀 중독되다 인똑씨까르세	**invasión** 여 침입, 침략 임바씨온
intriga 여 음모 인뜨리가	**invención** 여 발명, 발명품 임벤씨온
intuición 여 직관 인뚜이씨온	**inventar** 타 발명하다 임벤따르
inútil 형 무익한, 쓸모없는 이누띨	**inversión** 여 투자 임베르씨온

intransigente 형 비타협의, 강경한, 완고한
인뜨란씨헨떼

intranquilo, la 형 불안한, 걱정스러운
인뜨랑낄로, 라

introducción 여 삽입; 도입; 입문; 서론
인뜨로두씨온

introducir 타 넣다, 인도하다, 끌어들이다; 소개하다
인뜨로두씨르

inundación 여 홍수, 범람, 침수
이눈다씨온

inundar 타 홍수를 일으키다, 범람시키다
이눈다르

invadir 타 침입하다, 침략하다
임바디르

invencible 형 무적의, 불패의
임벤씨블레

inverso, sa 형 역의, 반대의 임베르소, 사	**inyección** 여 주사 인옉씨온
invertir 타 투자하다 임베르띠르	**inyectar** 타 주사하다 인옉따르
invierno 남 겨울 임비에르노	**ir** 자 가다 이르
invitar 타 초대하다 임비따르	**ira** 노함, 성, 성냄 이라

investigación 여 연구, 조사
임베스띠가씨온

investigar 타 연구하다, 조사하다
임베스띠가르

invisible 형 눈에 보이지 않은
임비씨블레

invitación 여 초대, 초청, 초대장, 초청장
임비따씨온

Gracias por su invitación 초대해 주셔서 감사합니다
그라씨아스 뽀르 수 임비따씨온

Yo te invito 내가 너한테 한턱내겠다
요 떼 임비또

poner una inyección 주사를 놓다
뽀네르 우나 인옉씨온

irse 재귀 가버리다, 떠나다, 출발하다
이르세

| ironía 이로니아 | 여 빈정거림, 풍자 | irregular 이뢰굴라르 | 형 불규칙적인 |

ir a + 동사 원형 …하려고 하다; …하러 가다
이르 아

vamos a + 동사 원형
바모스 아
…합시다; 우리는 …하려고 한다; 우리는 …하러 간다

¿A dónde va usted?   어디 가십니까?
아 돈데 바 우스뗃

Voy a España   나는 스페인에 간다
보이 아 에스빠냐

Voy a Madrid   나는 마드리드에 간다
보이 아 마드릳

irónico, ca   형 빈정거리는 투의, 풍자적인
이로니꼬, 까

vida irregular   불규칙적인 생활
비다 이뢰굴라르

irresistible   형 저항할 수 없는, 억누를 수 없는
이뢰시스띠블레

irresponsable   형 무책임한, 책임감이 없는
이뢰스뽄사블fp

irritar   타 화나게 하다, 성나게 하다, 노하게 하다
이뤼따르

irritarse   재귀 화내다, 성내다, 노하다
이뤼따르세

| isla 이슬라 | 여 섬 | islamismo 이슬라미스모 | 이슬람교 |

| Islael 이슬라엘 | ((국명)) 이스라엘 | isleta 이슬레따 | 여 작은 섬 |

| islam 이슬람 | 남 이슬람교 | Italia 이딸리아 | ((국명)) 이탈리아 |

islámico, ca 형 이슬람교의
이슬라미꼬, 까

islaelí
이스라엘리
형 이스라엘의. 남여 이스라엘 사람

islamita
이스라미따
형 이슬람교의. 남여 이슬람교도

isleño, ña
이슬레뇨, 냐
형 섬의. 남여 섬사람.

italiano, na
이딸리아노, 나
형 이탈리아의. 남여 이탈리아 사람. 남 이태리어

itinerario
이디네라리오
남 여정, 행정(行程)

izquierdo, da
이스끼에르도, 다
형 왼쪽의. 여 왼쪽

a la izquierda
알 라 이스끼에르다
왼쪽으로, 왼쪽에

Tuerza a la izquierda
뚜에르사 알 라 이스끼에르다
왼쪽으로 도십시오

J

jabón 하본	남 비누	jardín de infancia 하르딘 데 임판씨아	유치원
jamón 하몬	남 햄	jarra 하라	여 항아리, 단지
Japón 하뽄	남 ((국명)) 일본	jarro 하르로	남 항아리, 단지
jaqueca 하께까	여 편두통	jaula 하울라	여 새장, 우리
jarabe 하라베	남 시럽	jersey 헤르세이	남 스웨터
jardín 하르딘	남 정원	jinete 히네떼	남 기수(騎手)

jactarse 학따르세 재귀 자만하다, 우쭐거리다, 으스대다

jamás 하마스 부 결코 …이 아니다(nunca)

japonés, sa 하뽀네스, 사 형 일본의. 남여 일본 사람. 남 일본어

jefe, fa 헤페, 파 남여 우두머리, 대장, 장(長); 과장, 부장, 사장

jerez 헤레스 남 셰리주, 헤레스 포도주

jornada 호르나다 여 일정; 여정; (1일의) 노동, 노동 시간

jornal 호르날	남 일급(日給)	jubilarse 후빌라르세	재귀 퇴직하다
jornalero, ra 호르날레로, 라	날품팔이	júbilo 후빌로	남 환희
jovial 호비알	형 명랑한, 활발한	judía 후디아	여 강낭콩
joyería 호예리아	여 보석상	judicial 후디씨알	형 사법의; 재판의
jubilación 후빌라씨온	여 퇴직; 연금	juego 후에고	남 놀이, 경기
jubilar 후빌라르	타 퇴직시키다	jueves 후에베스	남 목요일

joven 형 젊은. 남여 젊은이, 청년
호벤

joya 여 보석(piedra preciosa)
호야

joyero, ra 남여 보석상 주인; 보석 가공 기술자; 보석 장수
호예로, 라

judío, a 형 유대의. 남여 유대인
후디오, 아

los Juegos Olímpicos 올림픽 경기 대회
로스 후에고스 올림삐꼬스

juez 남여 재판관, 판사; 심판원
후에스

jugo 후고	남	즙, 액, 주스
juguete 후게떼	남	장난감
juicio 후이씨오	남	재판; 판단; 이성
julio 훌리오	남	7월
junio 후니오	남	6월
junta 훈따	여	회의, 회합; 위원회
juntar 훈따르	타	모으다
junto 훈또	부	함께
junto a 훈또 아		… 옆에
jurado 후라도	남	배심원; 심사원
juramento 후라멘또	남	선서
jurar 후라르	타	맹세하다, 선서하다

jugador, ra 후가도르, 라	남여	경기자; 도박꾼
jugar 후가르	자	놀다, 경기하다, 도박하다
jugar al tenis 후가르 알 떼니스		테니스를 치다
jugar al fútbol 후가르 알 풋볼		축구을 하다
jugo de naranja 후고 데 나랑하		오렌지 주스
jurídico, ca 후리디꼬, 까	형	사법상의, 법적인

juvenil 후베닐	형 젊은, 청춘의	**juzgar** 후스가르	타 판단하다

justicia
후스띠씨아

여 재판, 사법; 정의; 공정

justificar
후스띠피까르

타 정당화하다; 증명하다

justo, ta
후스또, 따

형 공정한, 공평한; 정확한

juventud
후벤뚣

여 청춘, 젊은 시절

kilogramo 📖 킬로그램
낄로그라모

kilo 📖 킬로
낄로

kilómetro 📖 킬로미터
낄로메뜨로

¿Cuánto es esto el kilo? 이것은 1킬로에 얼마 입니까?
꾸안또 에스 에스또 엘 낄로

kiosco 📖 (길거리나 역 등의) 매점, 신문 판매대
끼오스꼬

kiwi 📖 ((식물)) ((동물)) 키위
끼위

L

labio 라비오 — 남 입술

laboral 라보랄 — 형 노동의

laboratorio 라보라또리오 — 남 실험실

laborioso, sa 라보리오소, 사 — 형 근면한

labrador, ra 라브라도르, 라 — 농민

labriego, ga 라브리에고, 가 — 남여 농민

la 라 — 관 정관사 여성 단수형. 대 그녀를, 당신을, 그것을

labor 라보르 — 여 노동, 일; 농경; 수예

labrar 라브라르 — 타 경작하다; 세공하다

lacónico, ca 라꼬니꼬, 까 — 형 간결한

ladera 라데라 — 여 산기슭

lado 라도 — 남 옆, 측면

al lado de 알 라도 데 — …의 옆에

ladrador, ra 라드라도르, 라 — 형 (개가) 짖는

ladrar 라드라르 — 자 (개가) 짖다

ladrillo 라드리요 — 남 벽돌

ladrón, na 라드론, 나 — 남여 도둑

Perro ladrador, poco mordedor. 짖는 개는 물지 않는다.
뻬로 라드라도르 뽀꼬 모르데도르

lago 라고	남 호수	lancha 란차	여 거룻배
lágrima 라그리마	여 눈물	lanza 란사	여 창(槍)
lamentable 라멘따블레	형 한탄스러운	lanzar 란사르	타 던지다; 발사하다
lamer 라메르	타 핥다	lápiz 라삐스	남 연필
lámpara 람빠라	여 램프	largo, ga 라르고, 가	형 긴, 오랜
lana 라나	여 양모; 모직물	lástima 라스띠마	여 슬픔

lamentar
라멘따르   타 탄식하다, 한탄하다

lámina
라미나   여 (엷은) 금속판; 삽화

langosta
랑고스따   여 ((동물)) 가재; 메뚜기

lánguido, da
랑기도, 다   형 마른, 여윈; 노곤한

lanzador, ra
란사도르, 라   남여 투수, 던지는 사람

por largo tiempo
뽀르 라르고 띠엠뽀   오랫동안

lastimar 라스띠마르	탸 상처를 입히다	**latitud** 라띠뚣	여 위도
lata 라따	여 양철; 깡통	**laurel** 라우렐	남 월계수; 영관
lateral 라떼랄	형 옆의, 측면의	**lavabo** 라바보	남 세면대, 세면소
latido 라띠도	남 (심장의) 고동	**lavadora** 라바도라	여 세탁기
látigo 라띠고	남 채찍	**lavandería** 라반데리아	여 세탁소
latín 라띤	남 라틴 어	**lavar** 라바르	탸 씻다, 빨래하다

¡Qué lástima!
께 라스띠마

거 참 안됐군요!

lastimoso, sa
라스띠모소, 사

형 가엾은, 안쓰러운

conserva en lata
꼰세르바 엔 라따

깡통 통조림

latino, na
라띠노, 나

형 라틴계의; 라틴 어의

América Latina
아메리까 라띠나

라틴 아메리카

latir
라띠르

재 (심장이) 뛰다, 두근거리다

leal 레알	형 충실한
leche 레체	여 우유, 젖
lecho 레초	남 침대
lechuga 레추가	여 상추
lechuza 레추사	여 ((조류)) 부엉이
lector, ra 렉또르, 라	남여 독자(讀者)
lectura 렉뚜라	여 독서; 강독, 독해
leer 레에르	자타 읽다, 독서하다
legal 레갈	형 법적인, 합법적인
legión 레히온	여 부대; 다수
legislativo, va 레히슬라띠보, 바	형 입법의
poder legislativo 뽀데르 레히슬라띠보	입법권
legumbre 레굼브레	여 콩류; 야채
lejano, na 레하노, 나	형 먼

lavarse 라바르세 　　재귀 (자신의 몸을) 씻다

Lávate la mano antes de comer. 식전에 손을 씻어라
라바떼 라 마노 안떼스 데 꼬메르

le 레 　　대 그에게, 그녀에게, 당신에게; 그를, 당신을

lección 렉씨온 　　여 학과, 수업; 교훈

legítimo, ma 레히띠모, 마 　　형 합법적인, 적법의

lejos 레호스 — 🔹 멀리	**león, na** 레온 — 남여 ((동물)) 사자
lejos de 레호스 데 — …에서 멀리	**lesión** 레씨온 — 여 상처, 상해, 손상
lema 레마 — 남 표어; 슬로건	**letrero** 레뜨레로 — 남 간판
lengua 렝구아 — 여 혀; 언어	**levantar** 레반따르 — 동 일으키다
lengua extranjera 렝구아 에스뜨랑헤라 — 외국어	**levantarse** 레반따르세 — 일어나다
lenguaje 렝구아헤 — 남 언어; 용어	**levante** 레반떼 — 남 동, 동쪽
lente 렌떼 — 여 렌즈. 복 안경	**leve** 레베 — 형 가벼운
lento, ta 렌또, 따 — 형 느린	**ley** 레이 — 여 법, 법률
leña 레냐 — 여 장작, 땔감	**leyenda** 레옌다 — 여 전설

lentamente 렌따멘떼 — 부 느리게, 천천히

les 레스 — 대 그들에게, 그녀들에게, 당신들에게

letra 레뜨라 — 여 문자; 가사. 복 문학; 어음

liar 리아르 — 타 묶다	libra 리브라 — 여 파운드
liberación 리베라씨온 — 여 개방; 석방	librar 리브라르 — 타 해방하다; 면제하다
liberal 리베랄 — 형 자유주의의	verse libre 베르세 리브레 — 자유로워지다
libertad 리베르딸 — 여 자유	librería 리브레리아 — 여 서점, 책방
libertar 리베르따르 — 타 해방하다	libro 리브로 — 남 책; 장부

libre 리브레 — 형 자유로운, 한가한; 비어 있는; 면제된

liberar 리베라르 — 타 자유롭게 하다, 해방하다

estar libre 에스따르 리브레 — 한가하다, 시간이 있다

librero, ra 리브레로, 라 — 남여 책방 주인; 책장수

licencia 리쎈씨아 — 여 인가, 허가, 면허; 허가서, 면허장

licenciado, da 리쎈씨아도, 다 — 남여 학사(學士)

licenciarse 리쎈씨아르세 — 재귀 학사 학위를 취득하다

| licor 리꼬르 | 남 술, 주류 | limón 리몬 | 남 ((식물)) 레몬 |

| líder 리데르 | 남여 지도자, 리더 | limosna 리모스나 | 여 동냥 |

| liebre 리에브레 | 여 ((동물)) 산토끼 | limpio, pia 림삐오, 삐아 | 형 깨끗한 |

| lienzo 리엔소 | 남 삼베; 캔버스 | linaje 리나헤 | 남 혈통, 가계 |

| liga 리가 | 여 연맹, 동맹; 리그 | lindar 린다르 | 자 인접하다 |

| ligero, ra 리헤로, 라 | 형 가벼운 | lindo, da 린도, 다 | 형 아름다운 |

| limitar 리미따르 | 타 제한하다 | línea 리네아 | 여 줄, 선, 열; 노선 |

licenciatura
리센씨아뚜라   여 학사 과정, 학사 학위

lícito, ta
리씨또, 따   형 정당한; 합법적인

límite
리미떼   남 한계, 한도, 제한; 경계

limpiar
림삐아르   타 청소하다, 깨끗이 하다

limpieza
림삐에사   여 청소; 페어플레이

lino 리노	남 아마, 아마포, 리넨	literario, ria 리떼라리오, 리아	형 문학의
lista 리스따	여 명단, 표	literatura 리떼라뚜라	여 문학
listo, ta 리스또, 따	형 준비된, 영리한	litro 리뜨로	남 리터
estar listo 에스따르 리스또	준비되다	liviano, na 리비아노, 나	형 가벼운

lío 남 꾸러미, 다발, 묶음; 분규, 혼란
리오

liquidar 타 정산하다, 결산하다, 청산하다; 싸게 팔다
리끼다르

líquido, da 형 액체의. 남 액체
리끼도, 다

lírico, ca 형 서정적인. 여 서정시
리리꼬, 까

llama 여 불꽃; ((동물)) 야마 ((낙타과 동물))
야마

llamada 여 호출, 부름; 통화
야마다

hacer una llamada 전화하다
아쌔르 우나 야마다

Hay una llamada para ti 너한테 전화하다
아이 우나 야마다 빠라 띠

llamar 타 부르다; 전화하다 야마르		llegar 자 도착하다, 닿다 예가르	
Me llamo … 내 이름은 … 메 야모		llenar 타 채우다 예나르	
llano 남 평원 야노		lleno, na 형 가득 찬 예노, 나	
llanto 남 낙루 얀또		llorar 자 울다 요라르	
llanura 여 평원, 평야 야누라		llover 자 비가 내리다 요베르	
llave 여 열쇠; 스위치 야베		lluvia 여 비 유비아	
llegada 여 도착 예가다		lobo, ba 남여 ((동물)) 늑대 로보, 바	

   llamar por teléfono   전화하다
   야마르 뽀르 땔레포노

   llamarse   재귀 이름이 …이다
   야마르세

   ¿Cómo se llama usted?   성함이 어떻게 되십니까?
   꼬모 세 야마 우스뗃

   Estoy lleno   많이 먹었습니다
   에스또이 예노

   llevar
   예바르
   타 가지고 가다, 데리고 가다; 시간을 보내다; 몸에 붙이다

locomotora 로꼬모또라	여 기관차	**longitud** 롱히뚣	여 길이; 경도
locura 로꾸라	여 광기(狂氣)	**loro** 로로	남 ((조류)) 잉꼬
locutor, ra 로꾸또르, 라	남여 아나운서	**lotería** 로떼리아	여 복권
lodo 로도	남 진흙	**lubricante** 루브리깐떼	남 윤활유

lluvioso, sa 유비오소, 사
형 비가 많이 내리는, 우기의

lo 로
관 정관사의 중성형. 대 그를, 당신을, 그것을

localidad 로깔리닫
여 좌석; 촌, 마을, 도시

loco, ca 로꼬, 까
형 미친. 남여 미치광이, 광인

lógico, ca 로히꼬, 까
형 논리적인. 여 논리학

lograr 로그라르
타 달성하다, 획득하다, 달성하다

lomo 로모
남 (동물의) 등; 등심살

los 로스
정관사 남성 복수형; 대 ((남성 복수)) 그것들을, 그들을, 당신들을

lucha 여 싸움, 투쟁; 레슬링 루차	hotel de lujo 고급 호텔 오뗄 데 루호
luchar 자 싸우다 루차르	lumbre 여 불 룸브레
desde luego 물론 데스데 루에고	luna 여 달 루나
lugar 남 장소 루가르	lunar 형 달의. 남 사마귀 루나르
en lugar de … 대신에 엔 루가르 데	lunes 남 월요일 루네스
en primer lugar 첫째(로) 엔 쁘리메르 루가르	lupa 여 확대경 루빠
lujo 남 사치, 호화스러움 루호	luto 남 상(喪), 상복 루또

tocar la lotería 복권이 당첨되다
또까르 라 로떼리아

luego 접 그래서, 그 때문에. 부 나중에
루에고

Hasta luego 나중에 만납시다
아스따 루에고

de lujo 사치스런, 호화스런, 고급의
데 루호

lujoso, sa 형 사치스런, 호화스런
루호소, 사

luz 여 빛, 불빛; 전등, 등불 루스	**dar a luz** 출산하다, 낳다 다르 아 루스
encender la luz 엔쎈데르 라 루스	전등을 끄다
Encienda la luz 엔씨엔다 라 루스	불을 켜십시오

maceta 여 화분 마쎄따	madrugada 여 새벽 마드루가다
macho 형 수컷의. 남 수컷 마초	madrugar 자 일찍 일어나다 마드루가르
madera 여 목재, 재목 마데라	maduro, ra 형 익은 마두로, 라
madrina 여 대모(代母) 마드리나	fruta madura 익은 과실 푸르따 마두라

madera de roble 떡갈나무 재목
마데라 데 로블로

madre 여 어머니; (여자 수녀원의) 마더
마드레

Madrid ((지명)) 마드리드 ((스페인의 수도))
마드릳

madrileño, ña 남여 마드리드 사람
마드릴레뇨, 냐

Son las cuatro de la madrugada 새벽 3시다
손 라스 꾸아뜨로 델 라 마드루가다

madrugador, ra 남여 부지런한 사람
마드루가도르, 라

A quien madruga, Dios le ayuda
아 끼엔 마드루가 디오스 fp 아유다
일찍 일어나야 수가 난다

madurar 타 익게 하다, 익히다. 자 익다
마두라르

magia 마히아	여 마술, 마법	**maíz** 마이스	남 옥수수
magnitud 마그니뚣	여 크기; 중요성	**malaria** 말라리아	여 말라리아

maestro, tra 마에스뜨로, 라   남여 선생, 교사; 스승; 명인, 명장

mágico, ca 마히꼬, 까   형 마법의. 남여 마술사, 마법사

magisterio 마히스떼리오   남 교직; (집합적) 교사, 교원

magistrado 마히스뜨라도   남 사법관, 재판관

magnetófono 마그네또포노   남 테이프 레코더

magnífico, ca 막니피꼬, 까   형 화려한, 호화로운

mago, ga 마고, 가   남여 마술사, 마법사

majestad 마헤스땉   여 위엄; (경칭) 폐하

majestuoso, sa 마헤스뚜오소, 사   형 위엄 있는

mal 말   부 나쁘게. 형 나쁜 (남성 단수 명사 앞에서 -o 탈락형). 남 악(惡); 해악; 병

maldad 말닫	여 악, 부정	malo, la 말로, 라	형 나쁜
malestar 말레스따르	남 불유쾌함; 폐	maltratar 말뜨라따르	타 학대하다
maleta 말레따	여 여행 가방	malvado, da 말바도, 다	형 사악한
maletín 말레띤	남 작은 여행 가방	mamá 마마	여 엄마
malgastar 말가스따르	타 낭비하다	mamar 마마르	자 젖을 빨다
malicia 말리씨아	여 악의	manada 마나다	여 떼, 무리
malicioso, sa 말리씨오소, 사	형 악의 있는	manantial 마난띠알	남 샘
maligno, na 말리그노, 나	형 악성의	mancha 만차	여 얼룩; 반점

Málaga 말라가 ((지명)) 말라가 (스페인의 도시)

maldito, ta 말디또, 따 형 저주받은; 아주 나쁜

malsano, na 말사노, 나 형 건강에 나쁜

mandamiento 만다미엔또 남 명령; 계율

manchar 만차르	타 더럽히다	manga 망가	여 소매
mandato 만다또	남 명령; 임기	manicomio 마니꼬미오	남 정신병원
mandíbula 만디불라	여 턱	manicura 마니꾸라	여 매니큐어
manera 마네라	여 방법	manifestar 마니페스따르	타 표명하다

mandar
만다르
동 보내다; 명령하다

mando
만도
남 지휘; 지배; 임기; 제어 장치

manejar
마네하르
타 조작하다; 운전하다

manejo
마네호
남 취급, 조작; 운전

mango
망고
남 ((과실)) 망고; 손잡이

manía
마니아
여 편집; 열중; 기벽; 마니아

manifestación
마니페스따시온
여 표명, 시위 행진, 데모

manifestarse
마니페스따르세
재귀 데모를 하다

manjar 망하르	남 식량, 식품	mano izquierda 마노 이스끼에르다	왼손
mano 마노	여 손	mansión 만씨온	여 저택
a mano 아 마노	손으로	manta 만따	여 모포
mano derecha 마노 데레차	오른손	mantel 만뗄	남 식탁보

manifiesto, ta 형 명확한, 확실한. 남 성명서
마니피에스또, 따

maniobra 여 조작, 운전; 책략; 복 군사 연습
마니오브라

manipular 타 취급하다, 조작하다
마니뿔라르

maniquí 남 마네킹. 여 패션쇼 모델
마니끼

manso, sa 형 부드러운, 온화한, 유순한
만소, 사

manteca 여 지방(脂肪); 버터
만떼까

mantener 타 유지하다; 지속하다
만떼네르

mantenerse 재귀 움직이지 않고 있다, 그대로 있다
만떼네르세

mantenimiento 만떼니미엔또	남 유지	maña 마냐	여 솜씨, 술책, 꾀
mantequilla 만떼끼야	여 버터	de la mañana 델라 마냐나	오전(의)

Manténganse en su asiento 자리에 그대로 계십시오
만뗑간세 엔 수 아씨엔또

manual 형 손의, 손으로 하는. 남 소책자, 수첩
마누알

manuscrito, ta 형 손으로 쓴. 남 사본, 원고, 육필서
마누스끄리또, 따

manzana 여 ((과실)) 사과; (도시의) 블록
만사나

manzanilla 여 ((식물)) 카밀레; 카밀레 차(茶)
만사니야

Más vale maña que fuerza 힘보다 꾀가 낫다
마스 발레 마냐 께 푸에르사

mañana 여 아침, 오전. 부 내일
마냐나

por la mañana 오전에, 아침에
뽀를라 마냐나

Hasta mañana 내일 만납시다
아스따 마냐나

mañana por la mañana 내일 아침[오전]에
마냐나 뽀를라 마냐나

| mapa 남 지도(地圖)
마빠 | mar 남(여) 바다
마르 |
|---|---|
| máquina 여 기계
마끼나 | marcar 타 표를 하다
마르까르 |
| máquina de coser 재봉틀
마끼 데 꼬세르 | marchar 자 가다, 나아가다
마르차르 |

mañana por la noche 내일 밤에
마냐나 뽀를라 노체

mañana por la tarde 내일 오후에
마냐나 뽀를라 따르데

máquina de escribir 타자기
마끼나 데 에스끄리비르

maquinaria 여 ((집합)) 기계, 기계 장치
마끼나리아

maravilla 여 경이로움, 경탄
마라비야

maravilloso, sa 형 경이로운, 경탄할 만한
마라비요소, 사

marca 여 표시, 표적; 마크; 상표
마르까

marcha 여 행진; 진행; 출발; 행진곡
마르차

marcharse 재귀 떠나다, 가버리다
마르차르세

marchitar 타 시들게 하다 마르치따르	marfil 남 상아 마르필
marchitarse 재귀 시들다 마르치따르	marido 남 남편 마리도
marea 여 조수(潮水) 마레아	marido y mujer 부부 마리도 이 무헤르
mareado, da 형 멀미한 마레아도, 다	marinero 남 선원, 뱃사람 마리네로
estar mareado 멀미하다 에스따르 마레아도	mariposa 여 ((조류)) 나비 마리뽀사
marearse 자 멀미하다 마레아르세	marítimo, ma 형 해상의 마리띠모, 마
mareo 남 멀미 마레오	mármol 남 대리석 마르몰

marco 남 가장자리; 테두리; 액자
마르꼬

margen 남(여) 가장자리; 여백; 마진, 이윤
마르헨

marina 여 해군; ((집합)) 선박
마리나

marino, na 형 바다의. 남여 선원; 수병
마리노, 나

marisco 남 조개, 연체 동물, 패류. 남복 해산물
마리스꼬

marrón 마르론	형 밤색의	masaje 마사헤	남 마사지
martes 마르떼스	남 화요일	máscara 마스까라	여 가면, 마스크
martillo 마르띠요	남 망치, 해머	masticar 마스띠까르	타 깨물다
mártir 마르띠르	남 순교자	mástil 마스띨	남 돛대
martirio 마르띠리오	남 순교(殉教)	matanza 마딴사	여 살육, 학살
marzo 마르소	남 3월	matar 마따르	타 죽이다
masa 마사	여 덩이, 집단; 대중	mate 마떼	남 마테 차

marqués, sa 마르께스, 사 　남여 후작; 여자 후작, 후작 부인

mas 마스 　접 ((시어, 문어)) 그러나

más 마스 　부 더, 더 많이. 형 더 많은

masculino, na 마스꿀리노, 나 　형 남자의; 남자 같은; ((문법)) 남성의

matador 마따도르 　남 마타도르 (주 투우사)

matemáticas 여복 수학 마떼마띠까스	**matricular** 타 등록하다 마뜨리꿀라르
maternidad 여 모성(母性) 마떼르니닫	**matrimonio** 남 결혼; 부부 마뜨리모니오
materno, na 형 어머니의 마떼르노, 나	**matriz** 여 자궁; 본사 마뜨리스
lengua materna 모국어 렝구아 마떼르나	**máxima** 여 격언, 금언 막시마
matinal 형 아침의 마띠날	**mayo** 남 5월 마요

matemático, ca 형 수학의. 남여 수학자
마떼마띠꼬, 까

materia 여 물질; 재료; 제재(題材); 과목, 교과
마떼리아

material 형 물질의, 물질적인. 남 재료, 자료; 용구
마떼리알

maternal 형 어머니의, 어머니 같은
마떼ᵖ르날

matrícula 여 등록, 등록부; (차의) 번호, 번호판
마뜨리꿀라

matricularse 재귀 등록하다
마뜨리꿀라르세

máximo, ma 형 최고의, 최대의. 남 최대한
막시모, 마

mayonesa 여 마요네즈 마요네사	**mecer** 타 흔들다 메쎄르
talla mayor 가장 큰 사이즈 따야 마요르	**mechero** 남 라이터 메체로
mayoría 여 대부분, 대다수 마요리아	**medalla** 여 메달 메다야
mecanismo 남 기계 장치 메까니스모	**madallista** 남여 메달리스트 메달이스따

mayor
마요르
형 더 큰, 연상의; 가장 큰, 가장 연장의. 남여 연장자; 성인

mayúsculo, la 형 대문자의. 여 대문자
마유스꿀로, 라

mecánico, ca 형 기계의. 남여 정비사
메까니꼬, 까

mecanografiar 자타 타자를 치다
메까노그라피아르

mecanógrafo, fa 남여 타이피스트, 타자수
메까노그라포, 파

media 여 스타킹; 30분; 평균
메디아

mediado, da 형 절반 가량이 된
메디아도, 다

a la medianoche 자정에 아 라 메디아노체	**medio kilo** 반 킬로 메디오 낄로
medicamento 남 약, 약제 메디까멘또	**mediodía** 남 정오 메디오디아
medicina 여 약; 의학 메디씨나	**medir** 타 재다 메디르
media hora 반 시간 메디아 오라	**meditar** 타 묵상하다 메디따르

a mediados de …의 중순에
아 메디아도스 데

mediano, na 형 중간쯤의; 평범한
메디아노, 나

medianoche 여 자정, 밤 12시
메디아노체

médico, ca 형 의학의. 남여 의사
메디꼬, 까

medida 여 측정, 계량; 조치
메디다

medio, dia
메디오, 디아
형 반의, 절반의; 평균의. 남 수단, 방법; 반, 절반; 중앙

medio de vida 생활[생계] 수단
메디오 데 비다

mediterráneo, a 형 지중해의
메디떼뢔네오, 아

Mar Mediterráneo 지중해
마르 메디떼라네오

Méjico ((국명)) 멕시코
메히꼬

mejilla 여 뺨, 볼
메히야

mejor 형 더 좋은. 부 더 잘
메호르

mejora 여 개량, 개선
메호라

mejorarse 재귀 좋아지다
메호라르세

melancólico, ca 형 우울한
멜란꼴리꼬, 까

melocotón 남 복숭아
멜로꼬똔

melodía 여 선율, 멜로디
멜로디아

melón 남 멜론, 참외
멜론

mención 여 언급, 기재
멘씨온

mencionar 타 언급하다
멘씨오나르

mendigo, ga 남여 거지
멘디고, 가

menester 남 필요
메네스떼르

mejicano, na 형 멕시코의. 남여 멕시코 사람
메히까노, 나

mejorar 타 개량하다, 개선하다
메호라르

mellizo, za 형 쌍둥이의. 남여 쌍둥이
메이소, 사

memoria 여 기억, 추억; 메모리
메모리아

aprender de memoria 암기하다, 외우다
아쁘렌데르 데 메모리아

mensaje 멘사헤	남 전언, 메시지	mentir 멘띠르	자 거짓말하다
mental 멘딸	형 마음의, 정신의	mentira 멘띠라	여 거짓말
mente 멘떼	여 마음, 정신	menú 메누	남 메뉴, 차림표

Es menester que …이 필요하다
에스 메네스떼르 께

menor 형 더 작은; 더 어린, 연하의. 남여 연소자, 미성년자
메노르

menos 부 더 적게; (시간의) 전(前). 형 더 적은
메노스

echar de menos 서운하다, 보고 싶다
에차르 데 메노스

mensajero, ra 남여 심부름꾼, 메신저
멘사헤로, 라

mensual 형 매월의, 달 한 번의
멘수알

revista mensual 월간 잡지
뢰비스따 멘수알

mentiroso, sa 형 거짓말을 잘 하는. 남여 거짓말쟁이
멘띠로소, 사

El menú, por favor 메뉴 좀 부탁합니다
엘 메누 뽀르 파보르

a menudo 아 메누도	빈번히
meñique 메니이께	명 새끼손가락
mercadería 메르까데리아	여 상품(商品)
mercado 메르까도	남 시장, 마켓
mercado negro 메르까도 네그로	암시장
mercancía 메르깐씨아	여 상품(商品)
merced 메르쎋	여 은혜
merecer 메레쎄르	자 가치가 있다
menudo, da 메누도, 다	형 하찮은, 가는, 작은
mercado de pulgas 메르까도 데 뿔가스	벼룩시장
meridional 메리디오날	형 남(南)의, 남쪽의
merienda 메리엔다	여 간식, 사이참, 새참; 가벼운 식사
merendar 메렌다르	자 간식을 먹다
mérito 메리또	남 장점; 공적, 공로
mermelada 메르멜라다	여 잼
mero, ra 메로, 라	형 단순한
mes 메스	남 달
un mes 움 메스	한 달, 1개월
dos meses 도스 메세스	두 달, 2개월
el mes que viene 엘 메스 께 비에네	다음달

mesa 메사	여 테이블, 탁자, 밥상	metro 메뜨로	남 미터; 지하철
meseta 메세따	여 고원	mezcla 메스끌라	여 혼합, 혼합물
mesita 메씨따	여 작은 탁자	mezclar 메스끌라르	타 섞다, 혼합하다
meta 메따	여 골, 목표	mi 미	형 나의
metal 메딸	남 금속	mi coche 미 꼬체	내 차
meter 메떼르	타 넣다	mí 미	대 (전치사 다음에서) 나
método 메또도	남 방법, 방식	para mí 빠라 미	나를 위해서

mesita de noche
메씨따 데 노체
침대 맡 야간 탁자

mestizo, za
메스띠소, 사
형 혼혈의. 남여 혼혈인

metálico, ca
메딸리꼬, 까
형 금속의. 남 현금; 경화(硬貨)

estación de metro
에스따씨온 데 메뜨로
지하철역

metropolitano, na
메뜨로뽈리따노, 나
형 수도의

microbio 남 미생물, 세균
미끄로비오

micrófono 남 마이크로폰
미끄로포노

microscopio 남 현미경
미끄로스꼬삐오

miedo 남 두려움, 걱정
미에도

miel 여 꿀, 벌꿀
미엘

dulce miel 단 꿀
둘쎄 미엘

luna de miel 밀월
루나 데 미엘

tener miedo de …을 무서워하다
떼네르 미에도 데

miembro 남 일원, 회원; 수족(手足), 팔다리
미엠브로

mil 남 천, 1,000. 형 천의, 1,000의
밀

Mil gracias 대단히 고맙습니다
밀 그라씨아스

militar 형 군인의, 군대의. 남여 군인
밀리따르

mientras 접 …하는 동안
미엔뜨라스

mientras que …하는 동안
미엔뜨라스 께

miércoles 남 수요일
미에르꼴레스

milagro 남 기적
밀라그로

milicia 여 군; 민병; 병역
밀리씨아

milímetro 남 밀리미터
밀리메뜨로

milla 여 마일
미야

millón 미욘	남 백만	Ministerio 미니스떼리오	남 부(部)
mimar 미마르	타 귀여워하다	ministro, tra 미니스뜨로, 뜨라	남여 장관
mina 미나	여 광산; 지뢰, 기뢰	minoría 미노리아	여 소수, 소수파
mineral 미네랄	형 광물의. 남 광물	minuto 미누또	남 분(分)

Un millón de gracias   정말 고맙습니다
움 미욘 데 그라씨아스

millonario, ria   남여 백만장자
미요나리오, 리아

minero, ra   형 광산의, 광업의. 남 광산업자; 광부
미네로, 라

mínimo, ma   형 최소의, 최저의. 남 최소, 최저
미니모, 마

Ministerio de Defensa   국방부
미니스떼리오 데 데펜사

Ministerio de Asuntos Exteriores   외무부
미미스떼리오 데 아순또스 에스떼리오레스

primer ministro   국무총리, 수상
쁘리메르 미니스뜨로

minucioso, sa   형 세심한; 면밀한
미누씨오소, 사

mío, a 미오	형 나의. 대 내 것	**miserable** 미세라블레	형 극빈의
mirada 미라다	여 시선	**misericordia** 미세리꼬르디아	여 자비
mirar 미라르	타 바라보다	**misil** 미씰	남 미사일
misa 미사	여 미사	**misionero, ra** 미씨오네로, 라	남여 선교사

minúsculo, la 형 작은. 남 소문자
미누스꿀로

El baúl es mío   그 트렁크 내 것입니다.
엘 바울 에스 미오

míope 형 근시의. 남여 근시인 사람
미오뻬

mirar la televisión   텔레비전을 보다
미라르 라 뗄레비씨온

mirarse en el [al] espejo   거울을 보다
미라르세 엔 엘 [알] 에스뻬호

miseria 여 비참함; 극빈, 빈궁
미세리아

misión 여 사명, 임무; 사절단; 포교
미씨온

mismo, ma 형 같은, 바로 그. 대 자신. 부 당장, 곧
미스모, 마

lo mismo 로 미스모	똑같은 것[말]
a sí mismo 미 씨 미스모	자기 자신
misterio 미스떼리오	남 신비, 비밀
mitad 미딸	여 반(半)
mitigar 미띠가르	타 완화하다
mitin 미띤	남 모임
mito 미또	남 신화
mitología 미똘로히아	여 신화학, 신화
mocedad 모쎄닫	여 젊은이, 청년
moción 모씨온	여 움직임, 활동
moco 모꼬	남 콧물
mochila 모칠라	여 배낭
mochilero, ra 모칠레로, 라	남여 배낭족
moda 모다	여 유행(流行)

   a mí mismo/misma
   아 미 미스모/마   나 자신

   ahora mismo
   아오라 미스모   지금 당장, 지금 곧

   misterioso, sa
   미스떼리오소, 사   형 신비스러운

   mixto, ta
   미스또, 따   형 혼합의; 남녀 공학의

   estar pasado de moda
   에스따르 빠사도 데 모다   유행이 지나가다

modestia 모데스띠아	여 겸손	**modo** 모도 남 방법
modesto, ta 모데스또, 따	형 겸손한	**de modo especial** 데 모도 에스뻬시알 특히
modismo 모디스모	남 숙어, 관용구	**molde** 몰데 남 틀, 형, 주형

modelo
모델로 남 모델, 원형, 본. 남여 모델, [형용사적으로] 모범의, 모범적인

un chico modelo 모범 소년
운 치꼬 모델로

moderado, da 형 적당한; 온건파의
모데라도, 다

moderno, na 형 근대의; 현대의
모데르노, 나

modificar 타 변경하다, 수정하다
모디피까르

modista 남여 부인복 디자이너
모디스따

de todos modos 좌우지간, 여하튼, 하여간에
데 또도스 모도스

mohina 여 원망, 원한, 노여움; 불쾌; 우수, 우울
모이나

molestar 타 괴롭히다, 폐를 끼치다
몰레스따르

momento 남 순간, 잠깐 모멘또	**moneda** 여 동전, 화폐 모네다
al momento 즉시, 곧 알 모멘또	**monedero** 남 돈지갑 모네데로
monarca 남 군주 모나르까	**monja** 여 수녀, 수도녀 몽하
monarquía 여 군주제 모나르끼아	**monje** 남 수도사, 수사 몽헤
monasterio 남 수도원 모나스떼리오	**mono, na** 남여 원숭이 모노, 나
mondar 타 껍질을 벗기다 몬다르	**monstruo** 남 괴물 몽스뜨루오

No me molestes 나를 괴롭히지 마라
노 메 몰레스떼스

molestia 여 귀찮음, 번거로움
몰레스띠아

molesto, ta 형 귀찮은, 번거로운
몰레스또

molino 남 풍차; 물레방아; 맷돌
몰리노

Espere un momento 잠깐만 기다리십시오
에스뻬레 움 모멘또

montaña 여 산; 산악, 산악 지방
몬따냐

montar 몬따르	타 오르다	mosca 모스까	여 파리
monte 몬떼	남 산	mosquito 모스끼또	남 모기
morada 모라다	여 거주, 체제	mostaza 모스따싸	여 겨자
morir 모리르	자 죽다	motivo 모띠보	남 동기, 이유; 주제

montón
몬똔
남 더미, 산적함; 다수, 다량

monumento
모누멘또
남 기념물, 기념비

morado, da
모라도, 다
형 검붉은 빛깔의

moral
모랄
형 도덕의, 도덕적인. 여 도덕; 사기

morder
모르데르
타 물다, 깨물다, 물어뜯다

moreno, na
모레노, 나
형 갈색의; 검은

Me muero de hambre
메 무에로 데 암브레
배 고파 죽겠다

mortal
모르딸
형 필멸의, 죽음의; 치명적인

motocicleta 여 모터사이클 모또시끌레따	moza 소녀; 종업원 모사
motor 남 엔진, 모터 모또르	muchedumbre 여 군중 무체둠브레
moverse 재귀 움직이다 모베르세	mueble 남 가구 무에블레
movimiento 남 움직임 모비미엔또	mueblista 남여 가구상 무에블리스따

mostrador 남 카운터, 진열대
모스뜨라도르

mostrar 타 보이다, 나타내다
모스뜨라르

mover 타 움직이게 하다, 움직이다
모베르

móvil 형 이동의. 남 휴대 전화, 휴대폰
모빌

teléfono móvil 이동 전화, 휴대 전화
뗄레포노 모빌

mozo 남 청년, 젊은이; 종업원; 짐꾼
모소

muchacho, cha 남여 소년, 소녀
무차초, 차

mucho, cha 형 많은, 다량의. 부 많이
무초, 차

288

muela 무엘라	여 어금니	multiplicar 물띠쁠리까르	타 늘리다
muerte 무에르떼	여 죽음, 사망	multitud 물띠뚣	여 다수; 군중
muerto, ta 무에르또, 따	형 죽은	mundial 문디알	형 세계의
muestra 무에스뜨라	여 견본, 샘플	Copa Mundial 꼬빠 문디알	월드컵
mujer 무헤르	여 여자; 아내	mundo 문도	남 세계
mulo, la 물로, 라	남여 노새	munición 무니씨온	여 탄약; 군수품
multa 물따	여 벌금	municipio 무니씨삐오	남 시청

mueblería 무에블레리아   여 가구 공장, 가구점

Tengo dolor de muela 떼고 돌로르 데 무엘라   나는 이가 아프다

mullir 무이르   타 푹신푹신하게 하다

todo el mundo 또도 엘 문도   전세계; 모든 사람

municipal 무니씨빨   형 시의, 시립의, 지방자치제의

muñeca 여 인형; 손목 무녜까	museo 남 박물관, 미술관 무세오
muralla 여 성벽 무라야	música 여 음악 무씨까
Gran Muralla 만리장성 그란 무라야	musical 형 음악의 무씨깔
murmurar 자 중얼거리다 무르무라르	muslo 남 넓적다리 무슬로
muro 남 담, 담벽 무로	muy 부 매우, 무척, 굉장히 무이
músculo 남 근육 무스꿀로	

Museo Nacional — 국립 박물관[미술관]
무세오 나씨오날

música latinoamericana — 라틴 아메리카 음악
무씨까 라띠노아메리까나

instrumento musical — 악기
인스뜨루멘또 무씨깔

músico, ca — 형 음악의. 남여 음악가
무씨꼬, 까

musulmán, na — 남여 이슬람교도
무슬만, 나

mutuo, tua — 형 상호의, 서로의
무뚜오, 뚜아

nacer 재 낳다, 태어나다 나쎄르	nada 대 아무것도 … 아니다 나다
nacimiento 남 탄생 나씨미엔또	De nada 천만에 데 나다
nación 여 국가, 나라 나씨온	nadie 대 아무도 …아니다 나디에
nacionalidad 여 국적 나씨오날리닫	naipe 남 트럼프 나이뻬

Yo nací en Corea.   나는 한국에서 태어났다.
요 나씨 엔 꼬레아

fecha de nacimiento   생년월일
페차 데 나씨미엔또

nacional   형 국가의, 나라의, 국립의
나씨오날

nacionalismo   남 민족주의, 국가주의
나씨오날리스모

nacionalista 형 국가주의의, 민족주의의. 남여 민족주의자
나씨오날리스따

nacionalización   여 귀화, 국유화
나씨오날리사씨온

nadador, ra   남여 수영 선수; 수영하는 사람
나다도르

nadar   재 헤엄치다, 수영하다
나다르

naranjada 여 오렌지 주스 나랑하다	natalidad 여 출생률 나딸리닫
nariz 여 코 나리스	natural 형 자연의, 천연의 나뚜랄
narración 여 이야기, 말 나라씨온	naturaleza 여 자연 나뚜랄레사
narrar 타 이야기하다 나라르	naufragio 남 난파, 난파선 나오프라히오
nata 여 크림 나따	náusea 여 구토, 구역질 나우세아
natación 여 수영 나따씨온	esquí náutico 수상 스키 에스기 나오띠고
natal 형 출생의 나딸	navaja 여 칼 나바하

naranja 여 귤, 오렌지. 남 오렌지색, 등색(橙色)
나랑하

naranjo 남 ((식물)) 오렌지나무, 귤나무
나랑호

nativo, va 형 토착의; 선천적인
나띠보, 바

naturalmente 부 자연히; 당연히
나뚜랄멘떼

náutico, ca 형 항해의; 수상의
나우띠꼬, 까

naval 형 배의; 해군의 나발	**neblina** 여 안개 네블리나
nave 여 배, 선박 나베	**necesario, ria** 형 필요한 네세사리오, 리아
navegación 여 항행, 항해 나베가시온	**necesidad** 여 필요; 궁핍 네세시닫
Navidad 여 크리스마스 나비닫	**necesitar** 타 필요로 하다 네세시따르
navío 남 배, 선박 나비오	**negociante** 남여 사업가 네고씨안떼

navarro, rra 남여 나바라(Navarra) 사람
나바르로, 르라

navegar 자 항행하다, 항해하다
나베가르

¡Feliz Navidad! 크리스마스를 즐겁게 보내십시오
펠리스 나비닫

no hay necesidad 필요없다
노 아이 네세시닫

necesitado, da 형 가난한, 곤궁한. 남여 가난한 사람
네쎄시따도, 다

negar 타 부정하다, 부인하다; 거절하다, 거부하다
네가르

negativo, va 형 부정의; 소극적인. 남 음화(陰畵). 여 부정
네가띠보, 바

negocio 네고씨오	남 사업, 장사	neumático 네우마띠꼬	남 타이어
nene, na 네네, 나	남여 갓난아이	neutral 네우뜨랄	형 중립의
nervio 네르비오	남 신경	neutro, tra 네우뜨로, 뜨라	형 중성의
neto, ta 네또, 따	형 정미의	nevar 네바르	자 눈이 내리다
peso neto 뻬소 네또	정미 중량	nevera 네베라	여 냉장고

negligencia 네글리헨시아 　　　여 태만; 부주의

negligente 네글리헨떼 　　　형 태만한; 부주의한

negociación 네고시아시온 　　　여 거래, 매매; 교섭, 협상

negociar 자 거래하다, 장사하다; 교섭하다, 절충하다
네고시아르

hablar de negocio 　　　사업에 대해 이야기하다
아블라르 데 네고씨오

negro, gra 네그로, 라 　　　형 검은. 남 검정, 검정빛

nervioso, sa 네르비오소, 사 　　　형 신경의; 신경질적인

ni 접 …도 …도 (아니다) 니	**nieve** 여 눈(雪) 니에베
nido 남 둥지 니도	**niñez** 여 어린 시절, 유년기 니녜스
niebla 여 안개 니에블라	**nivel** 남 수준, 레벨 니벨
nieto, ta 남여 손자, 손녀 네에또, 따	**no** 부 아니, …이 아니다 노

No tengo ni padre ni madre
노 뗑고 니 빠드레 니 마드레

나는 아버지도 어머니도 안 계신다

Nicaragua ((국명)) 니카라과
니까라과

nicaragüense 형 니카라과의. 남여 니카라과 사람
니까라구엔세

ningún 형 어떤 (…도 아니다)
닌군

ninguno, na 형 어떤 (…도 아니다)
닌구노, 나

niño, ña 남여 남자아이, 여자아이
니뇨, 냐

El Niño 엘니뇨 ((이상 고온))
엘 니뇨

La Niña 라니냐 ((이상 저온))
라 니냐

noción 노씨온	여 개념, 관념	**nocivo, va** 노씨보, 바	형 유해한
noche 노체	여 밤, 야간	**nombre** 놈브레	남 이름; 명사
de la noche 데 라 노 체	밤(의)	**nombre y apellido** 놈브레 이 아뻬이도	성명
por la noche 뽀를 라 노체	밤에, 야간에	**nordeste** 노르데스떼	남 북동(北東)
toda la noche 또다 라 노체	밤새도록	**norma** 노르마	여 규범, 규준

noble 형 귀족의; 고귀한. 남여 귀족
노블레

Son las once de la noche 밤 11시이다
손 라스 온쎄 델 라 노체

todas las noches 밤마다, 매일밤
또다스 라스 노체스

nochebuena 여 크리스마스 이브
노체부에나

nocturno, na 형 야간의, 밤의. 남 야상곡
녹뚜르노, 나

nombrar 타 지명하다, 임명하다
놈브라르

normal 형 정상적인; 보통의
노르말

noroeste 노로에스떼	남 북서
norte 노르떼	남 북, 북쪽
nosotros, tras 노소뜨로스, 뜨라m	대 우리들

curso normal   정상적인 코스
꾸르소 노르말

nos 대 우리를, 우리에게; 우리 자신을, 우리 자신에게
노스

nota   여 메모, 노트, 각서; 주(註); 평점, 점수
노따

notable   형 주목할 만한, 현저한
노따블레

Sin noticias, buenas noticias   무소식이 희소식
씬 노띠씨아스 부에나스 노띠씨아스

noticiero   남 (신문의) 기사, 통신
노띠씨에로

notorio, ria   형 주지의, 유명한
노또리오, 리아

novecientos, tas 형남 900의; 900번째의. 남 900
노베씨엔또스

novedad   여 새로운 것, 이상한 일
노베닫

nostalgia 노스딸히아	여 향수(鄕愁)
notario, ria 노따리오, 리아	남여 공증인
noticia 노띠씨아	여 소식, 뉴스

novela 노벨라	여 소설	**nuca** 누까	여 목덜미
novelista 노벨리스따	남여 소설가	**nuclear** 누끌레아르	형 핵의
noviembre 노비엠브레	남 11월	**nudista** 누디스따	남여 나체주의자
nube 누베	여 구름	**nuera** 누에라	여 며느리
nublado, da 누블라도, 다	형 구름 낀	**nuevo, va** 누에보, 바	형 새로운

　sin novedad 　　　　　　　　　　무사히, 이상 없이
　신 노베닫

　noveno, na 형 아홉 번째의. 남 아홉째, 아홉 번째; 9분의 1
　노베노, 나

　noventa 　　　　　　형 90의; 90번째의. 남 90, 아흔
　노벤따

　novio, via 　　　　　　남여 연인, 약혼자, 신랑, 신부
　노비오, 비아

　No hay ni una sola nube en el cielo.
　노 아이 니 우나 솔라 누베 엔 엘 씨엘로
　　　　　　　　　　　　하늘에는 단 한 점의 구름도 없다

　nudo 　　　　　　　남 매듭, 연결; (속도의) 노트
　누도

　nuestro, tra 　　　　　　　형 우리의. 대 우리들의 것
　누에스뜨로, 뜨라

| de nuevo 다시, 또 | nupcial 형 결혼의 |
| 데 누에보 | 눕씨알 |

| nuez 여 호두 | nupcias 여복 결혼 |
| 누에스 | 눕씨아스 |

| nulo, la 형 무효의 | nutrición 여 영양 섭취 |
| 눌로, 라 | 누뜨리씨온 |

| número 남 수, 숫자, 번호 | nutrir 타 영양을 주다 |
| 누메로 | 누뜨리르 |

| nunca 부 결코 …이 아니다 | valor nutritivo 영양가 |
| 눙까 | 발로르 누뜨리띠보 |

nueve 형 9의; 아홉 번째의. 남 9, 아홉
누에베

numeroso, sa 형 수많은, 다수의, 많은
snap로소, 사

nutritivo, va 형 영양이 있는
누뜨리띠보, 바

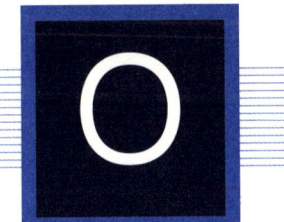

스페인어	품사	뜻
obediencia 오베디엔씨아	여	복종
obeso, sa 오베소, 사	형	비만의
obispo 오비스뽀	남	주교
objección 오브헥씨온	여	반대, 이론
obligación 오블리가씨온	여	의무
obligar 오블리가르	타	강제하다
obra 오브라	여	작품, 일
obrero, ra 오브레로	남여	노동자

o
오 — 접 혹은, 또는; 그렇지 않으면

obedecer
오베데세르 — 자타 복종하다, 순종하다, 말을 잘 듣다

obediente
오베디엔떼 — 형 순종하는, 복종하는, 말을 잘 듣는

objetivo, va
오브헤띠보 — 형 객관적인. 남 목적

objeto
오브헤또 — 남 물건, 물품, 상품; 목적

obligatorio, ria
오블리가또리오, 리아 — 형 의무의, 강제의

enseñanza obligatoria
엔세냔사 오블리가또리아 — 의무 교육

obrar
오브라르 — 자 행동하다, 작용하다

obscuridad 옵스꾸리닫	여 어둠
obsequiar 옵세끼아르	타 선물하다
obsequio 옵세끼오	남 선물
obstáculo 옵스따꿀로	남 장애, 고장
obscurecer 옵스꾸레쎄르	타 어둡게 하다
obscuro, ra 옵스꾸로, 라	형 어두운, 암울한
observación 옵세르바씨온	여 관찰; 의견, 소견
observador, ra 옵세르바도르, 라	남여 옵서버
observar 옵세르바르	타 관찰하다; 준수하다
observatorio 옵세르바또리오	남 관측소; 기상대; 천문대
obsesión 옵세씨온	여 강박 관념, 망상
ocasionar 오까씨오나르	타 야기하다, 원인이 되다
obstinarse 옵스띠나르세	재귀 고집하다
obtener 옵떼네르	타 얻다, 획득하다
ocasión 오까씨온	여 기회, 호기
ocaso 오까소	남 쇠퇴기, 말기

océano 오쎄아노	명 대양, 해양	ociosidad 오씨오씨닫	여 한가함, 여가
ochenta 오첸따	형 80의. 명 80	octubre 옥뚜브레	명 10월
ocho 오초	형 8의. 명 8	oculista 오꿀리스따	남여 안과의사
ocio 오씨오	명 나태, 태만	ocultar 오꿀따르	타 숨기다

occidental 옥씨덴딸   형 서쪽의, 서(西)의; 서양의

occidente 옥씨덴떼   명 서, 서쪽; 서양

ochocientos, tas 오초씨엔또스, 따스   형 800의. 명 800

ocioso, sa 오씨오소, 사   형 한가한; 게으른, 나태한

octavo, va 옥따보, 바   형 여덟째의. 명 여덟째

ocupación 오꾸빠씨온   여 직업; 점령, 점거

ocupado, da 오꾸빠도, 다   형 바쁜, 분주한

Estoy ocupado. 에스또이 오꾸빠도   나는 바쁘다

ocultarse 오꿀따르세	재귀 숨다	ofensa 오펜사	여 모욕, 무례함
odio 오디오	남 증오	oferta 오페르따	여 제공; 공급
ofender 오펜데르	타 모욕하다	oficina 오피씨나	여 사무실, 사무소

ocupar 타 차지하다, 점하다
오꾸빠르

ocurrir 자 (사건이) 발생하다, 일어나다
오꾸리르

¿Qué ocurre? 무슨 일입니까?
께 오꾸뢰

ocurrirse 재귀 갑자기 생각이 떠오르다, 언뜻 생각하다
오꾸리르세

odiar 타 증오하다, 미워하다
오디아르

oeste 형 서의, 서쪽의. 남 서(西)
오에스떼

ofensivo, va 형 모욕적인. 여 공세
오펜씨보, 바

oficial 형 공적인, 공식적인, 정식의. 남 사관(士官); 공무원
오피시알

cotizaciones oficiales 공식 환시세
꼬띠사시오네스 오피시알레스

oficio 오피씨오	남 직, 직무	ola 올라	여 파도
ofrecer 오프레쎄르	타 제공하다	oler 올레르	자 냄새가 나다
ofrecimiento 오프레씨미엔또	남 공급	olfato 올파또	남 후각
oído 오이도	남 귀, 청각	olímpico, ca 올림삐꼬, 까	형 올림픽의
oír 오이르	자타 듣다, 들리다	oliva 올리바	여 올리브 (열매)
ojal 오할	남 단추 구멍	olivar 올리바르	남 올리브 숲[밭]
ojalá 오할라	감 부디 … 하기를	olivo 올리보	남 ((식물)) 올리브
ojo 오호	남 눈(目)	olor 올로르	남 냄새

Tengo dolor de oídos
뗑고 돌로르 데 오이도스

나는 귀가 아프다

óleo
올레오

남 유화; 유화 그림 물감

olimpiada
올림삐아다

여 올림픽 경기 대회

los Juegos Olímpicos
로스 후에고스 올림삐꼬스

올림픽 경기 대회

olvidar 올비다르	자타 잊다	once 온쎄	형 11의. 남 11
olvido 올리보	남 망각	onda 온다	여 파도
olla 오야	여 솥	onda corta 온다 꼬르따	단파
olla a presión 오야 아 쁘레씨온	압력솥	ondulación 온둘라씨온	여 기복
ombligo 옴블리고	남 배꼽	onza 온사	여 온스
omisión 오미씨온	여 생략; 누락	opaco, ca 오빠꼬, 까	형 불투명한
omitir 오미띠르	타 생략하다	ópera 오뻬라	여 오페라

olvidarse
올비다르세
재귀 (깜박) 잊어버리다

No me olvides
노 메 올비데스
날 잊지 마라

opción
옵씨온
여 선택; 선택권, 옵션

operación
오뻬라씨온
여 수술; 작용; 조작; 작전

operar
오뻬라르
타 수술하다. 자 작용하다

opinar 오삐나르	타 생각하다	oponerse 오뽀네르세	재귀 반대하다
opinión 오삐니온	여 의견	oportunidad 오뽀르뚜니닫	여 기회
opio 오삐오	남 아편	oportuno, na 오뽀르뚜노, 나	형 적당한
oponer 오뽀네르	타 대항시키다	orador, ra 오라도르, 라	남여 연사

oposición　　　　　　　　여 반대, 대립; 채용 시험
오뽀씨씨온

oprimir　　　　　　타 억누르다, 억압하다, 압박하다
오쁘리미르

óptico, ca　　형 눈의; 광학의. 남여 안경사. 여 광학
옵띠꼬, 까

optimismo　　　　　　　　　남 낙관주의, 낙천주의
옵띠미스모

optimista　　　　　　형 낙천적인. 남여 낙천주의자
옵띠미스따

óptimo, ma　　　　　　　　형 최고로 좋은, 최선의
옵띠모, 마

opuesto, ta　　　　　　　　　형 반대의; 적대하는
오뿌에스또, 따

opulento, ta　　　　　　　　　　형 부유한, 풍부한
오뿔렌또, 따

oral 오랄	형 구두의	órbita 오르비따	여 궤도
examen oral 엑사멘 오랄	구두 시험	ordenador 오르데나도르	남 컴퓨터
orar 오라르	타 기도하다	oreja 오레하	여 귀

oración 여 기도; 연설; 문(文)
오라씨온

orden 남 순서, 정도, 질서. 여 명령, 지시, 주문
오르덴

ordenar 타 정리하다, 정돈하다; 명령하다
오르데나르

ordenario, ria 형 보통의, 통상의
오르데나리오, 리아

organización 여 조직, 편성; 기구
오르가니사씨온

organizar 타 조직하다, 구성하다, 만들다
오르가니사르

organizarse 재귀 조직되다, 구성되다, 만들어지다
오르가니사르세

órgano 남 기관; 장치; 기구; 파이프 오르간
오르가노

orgullo 남 긍지, 자존심; 자만, 거만
오르구요

oriente 오리엔떼	남 동, 동방, 동양	**os** 오스	대 너희들을, 너희들에게
orilla 오리야	여 연변; 가장자리	**osado, da** 오사도, 다	형 대담한
ornamento 오르나멘또	남 장식	**oscuro, ra** 오스꾸로, 라	형 어두운
oro 오로	남 금, 황금	**oso, sa** 오소, 사	남여 곰
anillo de oro 아니요 데 오로	금반지	**ostra** 오스뜨라	여 ((동물)) 굴
orquesta 오르께스따	여 오케스트라	**otoño** 오또뇨	남 가을

orgulloso, sa   형 자랑스러운, 긍지가 대단한
오르구요소, 사

sentirse orgulloso 긍지를 느끼다, 자랑스레 생각하다
센띠르세 오르구요소

oriental   형 동의, 동양의. 남여 동양인
오리엔딸

origen   남 발단; 시작; 근원; 출생지, 원산지
오리헨

original 형 시작의; 독창적인, 기발한. 남 원본; 원문, 원서
오리히날

oscurecer   타 어둡게 하다. 자 어두워지다
오스꾸레쎄르

otorgar 오또르가르	타 주다, 수여하다	oxígeno 옥시헤노	남 산소(酸素)
oveja 오베하	여 ((동물)) 양	ozono 오소	남 오존

oveja negra　　말썽꾸러기
오베하 네그라

　otro, tra　　　　　　　형 다른, 별개의; 또 하나의
　오뜨로, 뜨라

　oyente　　　　　　　　남여 청중, 청취자; 청강생
　오엔떼

pabellón 남 원뿔골 천막
빠베욘

paciencia 여 인내, 참을성
빠씨엔씨아

Océano Pacífico 태평양
오쎄아노 빠씨피꼬

pacto 남 협정, 조약
빡또

paella 여 ((요리)) 빠에야
빠에야

paga 여 보수, 봉급
빠가

pagar 타 지불하다
빠가르

página 여 쪽, 페이지
빠히나

pago 남 지불, 보답, 회보
빠고

país 남 나라, 국가
빠이스

paisaje 남 경치, 경관
빠이사헤

paja 여 밀짚, 보릿짚, 짚
빠하

pacer 자 풀을 먹다, 풀을 먹이다
빠쎄르

paciente 형 참을성이 있는. 남여 환자
빠씨엔떼

pacífico, ca 형 온화한; 평화스러운
빠씨피꼬, 까

padre 남 아버지. 복 부모(父母)
빠드레

padrino 남 대부; 입회인; 후원자
빠드리노

pagano, na 형 이교도의. 남여 이교도
빠가노, 나

palabra 여 단어; 말; 약속 빨라브라	paloma 여 비둘기 빨로마
palacio 남 궁전; 호화 저택 빨라씨오	pan 남 빵 빵
palacio real 왕궁 빨라씨오 뢰알	panadería 여 빵집 빠나데리아
pálido, da 형 창백한 빨리도, 다	panadero, ra 남여 빵집 빠나데로, 라

paisano, na
빠이사노, 나
형 동향의, 동국의. 남여 동향인, 동국인; 민간인

pájaro 남 ((조류)) 새; 망상(妄想)
빠하로

palma 여 손바닥; ((식물)) 야자나무
빨마

palo 남 몽둥이; ((골프)) 클럽
빨로

palpitar 동 (가슴이) 뛰다, 맥박 치다
빨삐따르

pamplonica 형 빰쁠로나(Pamplona)의
빰쁠로니까

mozo pamplonica 빰쁠로나 청년. 남여 빰쁠로나 사람
모소 빰쁠로니까

panameño, ña 형 파나마의. 남여 파나마 사람
빠나메뇨, 냐

Panamá ((국명)) 파나마 빠나마	Papa 남 교황 빠빠
pánico 남 공황 빠니꼬	papá 남 아빠 빠빠
pantalón 남 바지 빤딸론	papel 남 종이 빠뻴
paño 남 천, 옷감(tela) 빠뇨	papelera 여 휴지통 빠뻴레라
pañuelo 남 손수건 빠뉴엘로	papelería 여 문방구점 빠뻴레리아
papa 여 [중남미에서] 감자 빠빠	par 남 한 쌍, 한 벌, 둘 빠르

panorama 남 전경, 전망, 파노라마
빠노라마

pantalla 여 스크린; (전등의) 갓
빤따야

papelero, ra 남여 문방구점 주인
빠뻴레로, 라

paquete 남 소포, 소화물; (담배의) 갑
빠께떼

un par de zapatos 구두 한 켤레
움 빠르 데 사빠또스

para 전 …을 위하여, …의 앞으로; …을 향하여; …에 비해
빠라

para que 빠라 께	…하도록	paralizar 빠랄리사르	타 마비시키다
paracaídas 빠라까이다스	남 낙하산	parar 빠라르	자타 멈추다
parada 빠라다	여 정류소	parasol 빠라솔	남 파라솔, 양산
paraguas 빠라구아스	남 우산	parcial 빠르씨알	형 부분적인
paraíso 빠라이소	남 천국; 낙원	pardo, da 빠르도, 다	형 갈색의
parálisis 빠랄리시스	여 마비; 중풍	parecerse 빠레쎄르세	재귀 닮다

parador
빠라도르　　　　　　　　　　　　　남 (국영) 관광 호텔

Paraguay
빠라구아이　　　　　　　　　　　　남 ((국명)) 파라과이

paraguayo, ya　　　형 파라과이의. 남여 파라과이 사람
빠라구아요, 야

parásito　　　　　　형 기생하는. 남 기생충, 기생목
빠라씨또

parecer　　　자 생각하다, 보이다, 같다. 남 의견; 외견
빠레쎄르

parecido, da
빠레씨도, 다　　　　　　　　　　　　형 닮은, 비슷한

pared 빠렐	여 벽, 담	párpado 빠르빠도	남 눈꺼풀
pareja 빠레하	여 상대, 파트너	parque 빠르께	남 공원
pariente 빠리엔떼	남 친척	parroco 빠로꼬	남 교구 사제
parir 빠리르	자타 낳다, 출산하다	parte 빠르떼	여 부분; 장소
parlamento 빠를라멘또	남 의회, 국회	mayor parte de 마요르 빠르떼 데	대부분의
paro 빠로	남 실업(失業); 파업	en particular 엔 빠르띠꿀라르	특히

Las paredes oyen
라스 빠레데스 오옌
　　낮 말은 새가 듣고 밤 말은 쥐가 듣는다

parque nacional
빠르께 나씨오날
　　　　　　　　　　　　국립 공원

parrilla
빠릐야
　　　여 석쇠, 불고기 판, 쇠꼬치

parroquia
빠로끼아
　　　여 교구; 교구 교회; 고객

por una parte
뽀르 우나 빠르떼
　　　　　　　　한 편으로(는)

por otra parte
뽀르 오뜨라 빠르떼
　　　　　　　　다른 한 편으로(는)

parto 빠르또	남 출산
pasado mañana 빠사도 마냐나	모레
pasaje 남 통행; 통로; 여비 빠사헤	
pasajero, ra 빠사헤로, 라	남여 승객
pasaporte 빠사뽀르떼	남 여권
pasatiempo 빠사띠엠뽀	남 오락

participación   여 참가; 통지
빠르띠씨빠씨온

participar   자 참가하다; 공유하다
빠르띠씨빠르

particular   형 특별한; 개인의
빠르띠꿀라르

partida   여 출발; 시합; 증명서
빠르띠다

partidario, ria 형 찬성자의, 편의. 남여 지지자, 찬성자
빠르띠다리오, 리아

partido   남 시합; 당, 정당, 당파
빠르띠도

partir   자타 출발하다; 나누다
빠르띠르

pasado   형 지나간, 과거의. 남 과거
빠사도

estar pasado de moda   유행이 지나가다
에스따르 빠사도 데 모다

pase 빠세	남 통행 허가증	pasillo 빠씨요	남 복도; 낭하
pasear 빠세아르	자 산책하다	pasivo, va 빠씨보, 바	형 소극적인
pasearse 빠세아르세	재귀 산책하다	pasta 빠스따	여 반죽, 반죽 가루
paseo 빠세오	남 산책; 산책길	pastel 빠스뗄	남 케이크
dar un paseo 다르 움 빠세오	산책하다	pastilla 빠스띠야	여 알약, 정제

pasar 타 지나가다, 통과하다; 들어가다; 일어나다
빠사르

¿Qué pasa? 무슨 일입니까?
께 빠사

pascua 여 부활제, 크리스마스
빠스꾸아

pasear por el parque 공원을 산책하다
빠세아르 뽀르 엘 빠르께

pasión 여 정열; (그리스도의) 수난
빠씨온

pastelería 여 과자점, 제과점
빠스뗄레리아

pastor, ra 남여 양치기, 목동, 목자; 목사
빠스또르, 라

patata 빠따따	여 감자
patente 빠뗀떼	여 특허
patín 빠띤	남 스케이트
patinar 빠띠나르	자 스케이트를 타다
patio 빠띠오	남 뜰, 마당, 정원
patria 빠뜨리아	여 조국; 고향
patriota 빠뜨리오따	남여 애국자
patriótico, ca 빠뜨리오띠꼬, 까	형 애국적인
patrulla 빠뜨루야	여 순찰대, 정찰대
pausa 빠우사	여 중단, 휴지
pavo 빠보	남 ((조류)) 칠면조
pavo real 빠보 뢰알	공작
pata 빠따	여 (가구나 동물의) 다리
patatas fritas 빠따띠스 프리따스	감자 튀김, 튀긴 감자
paterno, na 빠떼르노, 나	형 아버지의, 부의
padre de la patria 빠드레 데 라 빠뜨리아	국부(國父)
patrimonio 빠뜨리모니오	남 세습 재산, 유산
patrón, na 빠뜨론, 나	남여 후원자; 수호 성인

pavor 빠보르	남 공포	peculiar 뻬꿀리아르	형 독특한, 특유의
payaso 빠야소	남 어릿광대	pecho 뻬초	남 가슴
paz 빠스	여 평화	pedal 뻬달	남 페달
en paz 엔 빠스	평화시에	pedazo 뻬다소	남 조각
peaje 뻬아헤	남 통행료	pedido 뻬디도	남 주문, 주문품
peatón 뻬아똔	남 보행자	pegar 뻬가르	타 붙이다
pecado 뻬까도	남 죄	peine 뻬이네	남 빗
pecar 뻬까르	자 죄를 범하다	pelar 뻴라르	타 껍질을 벗기다

pechuga 뻬추가　여 (조류의) 가슴, 가슴살

pedir 뻬디르　타 요구하다, 요청하다; 주문하다; 부탁하다

peinar 뻬이나르　타 (머리를) 빗기다, 머리를 빗어 주다

peinarse 뻬이나르세　재귀 자신의 머리를 빗다

película 뻴리꿀라	여 필름; 영화	pelo 뻴로	남 머리카락, 머리털
peligro 뻴리그로	남 위험	tomar el pelo 또마르 엘 뻴로	놀리다
peligroso, sa 뻴리그로소, 사	형 위험한	pelota 뻴로따	여 공, 볼

pelea
뻴레아
여 싸움, 언쟁, 말다툼

pelea de gallos
뻴레아 데 가요스
닭싸움, 투계

gallo de pelea
가요 데 뻴레아
싸움닭, 투계

pelear
뻴레아르
자 싸우다, 언쟁하다, 말다툼하다

película española
뻴리꿀라 에스빠뇰라
스페인 영화

película coreana
뻴리꿀라 꼬레아나
한국 영화

peluquería
뻴로께리아
여 이발소; 미장원

peluquero, ra
뻴루께로, 라
남여 이발사; 미용사

pena
뻬나
여 벌, 고통, 슬픔, 번민

péndula 뻰둘라	여 ((물리)) 진자	**peña** 뻬냐	여 바위
península 뻬닌술라	여 반도	**peón** 뻬온	남 인부, 노무자
pensar 뻰사르	타 생각하다	**pepino** 뻬삐노	남 ((식물)) 오이

valer la pena (de) + 동사 원형. …할 가치가 있다
발레르 라 뻬나 (데)

pendiente 남 귀걸이. 여 비탈, 경사
뻰디엔떼

penetrar 자타 침투하다, 스며들다; 끼어들다
뻬네뜨라르

pensamiento 남 생각, 사고
뻰사미엔또

Yo pienso, luego existo 나는 생각한다, 고로 존재한다
요 삐엔소 루에고 엑씨스또

pensión 여 펜션; 연금; 하숙집
뻰씨온

penúltimo, ma 형 끝에서 두 번째의
뻰울띠모, 마

peor 형 더 나쁜. 부 더 나쁘게
뻬오르

pequeño, ña 형 작은, 어린. 남여 어린아이
뻬께뇨, 냐

pera 여 ((과실)) 서양 배 뻬라	perecer 자 죽다 뻬레세르
perderse 재귀 길을 잃다 뻬르데르세	peregrino, na 남여 순례자 뻬레그리노, 나
Perdone 죄송합니다 뻬르도네	pereza 여 게으름, 나태 뻬레사
Perdóneme 죄송합니다 뻬르도네메	perfectamente 부 완전히 뻬르펙따멘떼

percha 여 양복걸이, 모자걸이
뻬르차

perder 자타 잃다; 손해보다; 지다; (탈것을) 놓치다
뻬르데르

Me he perdido 나는 길을 잃었다
메 에 뻬르디도

pérdida 여 분실; 손실, 손해
뻬르디다

perdón 남 용서, 사면. 감 용서하십시오, 죄송합니다
뻬르돈

perdonar 동 용서하다, 사면하다
뻬르도나르

perezoso, sa 형 게으른, 나태한
뻬레소소, 사

perezosón, na 형 남 여 게을러빠진 (사람)
뻬레소손, 나

perfecto, ta 뻬르펙또, 따	형 완전한	periodista 뻬리오디스따	남여 신문 기자
perfume 뻬르푸메	남 향수	período 뻬리오도	남 기간, 시기
periódico 뻬리오디꼬	남 신문	perjuicio 뻬르후이씨오	남 해, 손해
periodismo 뻬리오디스모	남 저널리즘	perla 뻬를라	여 진주

perfección
뻬르펙시온
여 완전함, 완벽함; 완성

perfeccionar
뻬르펙시오나르
타 완전하게 하다

perito, ta
뻬리또, 따
형 노련한, 숙련된. 남여 전문가

perjudicar
뻬르후디까르
타 손해를 끼치다

permanente
뻬르마넨떼
형 영속적인; 상설의. 여 파마

permiso
뻬르미소
남 허가, 허락; 허가장. 감 실례합니다 (남의 앞을 지나갈 때)

permitir
뻬르미띠르
동 허가하다, 허락하다

pero
뻬로
접 그러나. 남 결점, 단점

perpetuo, tua 형 영구의
뻬르뻬뚜오, 뚜아

perro, rra 남여 ((동물)) 개
뻬로

perro caliente 핫도그
뻬로 깔리엔떼

persistir 자 고집하다
뻬르씨스띠르

persona 여 사람; 인칭
뻬르소나

permanecer 자 체류하다, 체재하다
뻬르마네세르

perro pastor 양을 지키는 개
뻬로 빠스또르

perseguir 타 추적하다; 추구하다; 박해하다
뻬르세기르

personaje 남 인물, 명사; 등장 인물
뻬르소나헤

personal 형 사람의, 개인의. 남 직원, 스탭
뻬르소날

personalidad 여 인격, 개성; 요인
뻬르소날리닫

peruano, na 형 페루의. 남여 페루 사람
뻬루아노, 나

persuadir 타 설득하다
뻬르수아디르

pertenecer 자 속하다
뻬르떼네세르

Perú 남 ((국명)) 페루
뻬루

pesadilla 여 악몽
뻬사디야

pesado, da 형 무거운
뻬사도, 다

pésame 뻬사메	남 애도	pésimo, ma 뻬씨모, 마	형 최악의
pesca 뻬스까	여 낚시질; 어업	pestaña 뻬스따냐	여 속눈썹
pescadería 뻬스까데리아	여 생선 가게	peste 뻬스떼	여 페스트
pescado 뻬스까도	남 생선	petición 뻬띠씨온	여 신청, 요청
pescador 뻬스까도르	남 어부	petróleo 뻬뜨롤레오	남 석유
pesimismo 뻬씨미스모	남 비관주의	piano 삐아노	남 피아노

pesar
뻬사르
자 무게를 달다; 무겁다

a pesar de
아 뻬사르 데
…에도 불구하고

pescadero, ra
뻬스까데로, 라
남여 생선 장수

pescar
뻬스까르
자타 낚시질하다, 고기를 잡다

pesimista
뻬씨미스따
형 비관적인. 남여 비관주의자

peso
뻬소
남 무게; [화폐 단위] 페소

picante 삐깐떼	형 매운	piedra preciosa 삐에드라 쁘레씨오사	보석
chile picante 칠레 삐깐떼	매운 고추	piel 삐엘	여 피부; 가죽
pie 삐에	남 (신체의) 발	pierna 삐에르나	여 (신체의) 다리
piedra 삐에드라	여 돌	pijama 삐하마	남 파자마

pez   남 물고기. 여 송진, 타르, 역청, 아스팔트
삐스

pianista   남여 피아니스트, 피아노 연주가
삐아니스따

picar   타 (벌레가) 쏘다, 찌르다
삐까르

pícaro, ra   형 악한의. 남여 악한, 악인
삐까로, 라

pico   남 (새의) 부리, 주둥이; 산꼭대기; (시간에서) 약간
삐꼬

Son las ocho y pico   8시가 조금 넘었다
손 라스 오초 이 삐꼬

piedad   여 효심, 효도; 경건, 믿음
삐에닫

pieza   여 조각; 한 개; 부품; 희곡; 방
삐에사

pila 삘라	여 전지	pino 삐노	남 소나무
pilar 삘라르	남 기둥, 지주	pinza 삔사	여 핀셋
pimienta 삐미엔따	여 후추	piña 삐냐	여 파인애플
pimiento 삐미엔또	남 피망; 고추	pipa 삐빠	여 파이프
pincel 삔쎌	남 화필	pirata 삐라따	남 해적

píldora 여 환약; 경구 피임약
삘도라

piloto 남 조종사, 파일럿; 도선사
삘로또

pinchar 타 찌르다; 펑크내다
삔차르

pintar 자타 칠하다, 그림을 그리다
삔따르

pintor, ra 남여 화가; 페인트 공
삔또르, 라

pintoresco, ca 형 그림 같은
삔또레스꼬, 까

pintura 여 그림, 회화; 페인트
삔뚜라

pisar 재타 밟다, 짓밟다 삐사르	plan 남 계획, 안(案), 플랜 쁠란
piscina 여 수영장, 풀, 풀장 삐씨나	plancha 여 다리미 쁠란차
piso 남 층; 아파트 삐소	planchar 타 다리다 쁠란차르
pista 여 족적; 트랙; 활주로 삐스따	planeta 남 혹성 쁠라네따
pistola 여 권총 삐스똘라	plantar 타 심다; 설치하다 쁠란따르
pizarra 여 흑판, 칠판 삐사라	plata 여 은(銀) 쁠라따
placer 남 기쁨, 즐거움 쁠라세르	moneda de plata 은화 모네다 데 쁠라따

piscina cubierta　　　　　　　　　　실내 수영장
삐씨나 꾸비에르따

piscina al aire libre　　　　　　　　야외 수영장
삐씨나 알 아이레 리브레

plano, na 형 반반한, 납작한. 남 평면; 시가지도
쁠라노, 나

planta 여 식물; (건물의) 층; 평면도; 발바닥
쁠란따

plástico, ca 형 플라스틱의; 조형의. 남 플라스틱
쁠라스띠꼬, 까

334

plátano 뿔라따노	남 바나나
plato 뿔라또	여 접시; 요리
playa 뿔라야	여 해변, 바닷가
plaza 뿔라사	여 광장; 장, 시장
plazuela 뿔라수엘라	여 소광장
plegable 뿔레가블레	형 접을 수 있는
cama plegable 까마 뿔레가블레	접는 침대
silla plegable 씨야 뿔레가블레	접의자
plomo 뿔로모	남 납, 연(鉛)
pluma 뿔루마	여 깃; 펜
población 뽀블라시온	여 마을; 인구
poblar 뽀블라르	타 식민하다
pobreza 뽀브레사	여 가난
poco a poco 뽀꼬 아 뽀꼬	조금씩
plataforma 뿔라따포르마	여 대, 단; (정당의) 강령
plazo 뿔라소	남 기한, 기간; 분할불
plural 뿔루랄	형 복수의. 남 ((문법)) 복수
pobre 뽀브레	형 가난한; 가련한, 불쌍한
pobrecito, ta 뽀브레씨또, 따	형 가련한, 불쌍한

un poco 움 뽀꼬	약간	poetisa 뽀에띠사	여 여류 시인
un poco de 움 뽀꼬 데	약간의	polvo 뽈보	남 먼지; 가루
poema 뽀에마	남 시(詩)	pólvora 뽈보라	여 화약
poesía 뽀에씨아	여 시(詩)	pollo 뽀요	남 병아리; 통닭
poeta 뽀에따	남여 시인	ponerse el sol 뽀네르세 엘 솔	해가 지다

poco, ca 형 적은. 부 조금, 별로 … 없다
뽀꼬, 까

poder 형 할 수 있다, 해도 되다. 남 힘, 능력; 권력
뽀데르

Querer es poder   뜻 있는 곳에 길이 있다
께레르 에스 뽀데르

poderoso, sa   형 강력한, 힘있는; 유력한
뽀데로소, 사

podrido, da   형 부패한, 썩은
뽀드리도, 다

policía   여 경찰. 남여 경찰관
뽈리씨아

político, ca
뽈리띠꼬, 까
형 정치의; 결혼으로 맺어진. 남여 정치가. 여 정치, 정책

popularidad 여 인기 뽀뿔라리닫	portarse 재귀 행동하다 뽀르따르세
por 전 때문에, 으로, 위해서 뽀르	portátil 형 휴대용의 뽀르따띨
porcelana 여 자기(磁器) 뽀르셀라나	porte 남 운송, 운임 뽀르떼
porción 여 부분; 양(量), 몫 뽀르시온	portezuela 여 승강구 뽀르떼수엘라
portal 남 현관 뽀르딸	porvenir 남 미래, 장래 뽀르베니르

poner 타 놓다, 넣다; 입히다
뽀네르

ponerse 재귀 입다, 신다, 쓰다, 끼다; 몸에 붙이다
뽀네르세

ponerse a + 동사 원형 …하기 시작하다
뽀네르세 아

popular 형 인기 있는, 유행의; 인민의
뽀뿔라르

porque 접 … 때문에, 이므로
뽀르께

portada 여 (건물의) 정면; (책의) 속표지
뽀르따다

portero, ra 남여 수위, 문지기; 관리인
뽀르떼로, 라

poseedor, ra 남여 소유자 뽀세에도르, 라	**tarjeta postal** 우편 엽서 따르헤따 뽀스딸
poseer 타 소유하다 뽀세에르	**poste** 남 기둥 뽀스떼
posesión 여 소유; 소유물 뽀세씨온	**postizo, za** 형 인공의 뽀스띠소, 사
posibilidad 여 가능성 뽀씨빌리닫	**diente postizo** 의치 디엔떼 뽀스띠소
posición 여 위치; 지위 뽀씨씨온	**postre** 남 디저트, 후식 뽀스뜨레

Portugal 남 ((국명)) 포르투갈
뽀르뚜갈

portugués, sa
뽀르뚜께스, 사
형 포르투갈의. 남여 포르투갈 사람. 남 포르투갈어

posada 여 여인숙, 작은 여관
뽀사다

posible 형 가능한, 할 수 있는
뽀씨블레

positivo, va 형 긍정적인; 적극적인
뽀씨띠보, 바

postal 형 우편의. 여 엽서; 우편 엽서
뽀스딸

posterior 형 마지막의; 뒤의, 후의
뽀스떼리오르

postura 뽀스뚜라	여 자세; 태도
potable 뽀따블레	형 마실 수 있는
agua potable 아구아 뽀따블레	음료수
potente 뽀뗀떼	형 힘있는, 강력한
potencia 뽀뗀씨아	여 힘, 능력; 세력; 강국
práctica 쁘락띠까	여 연습, 실습; 실행
practicar 쁘락띠까르	타 연습하다, 수업하다, 실행하다
práctico, ca 쁘락띠꼬, 까	형 실용적인, 실제적인
precaución 쁘레까우씨온	여 주의, 예방책
preceder 쁘레세데르	타 앞서다, 앞에 놓이다
precioso, sa 쁘레씨오소, 사	형 예쁜, 아름다운
precisión 쁘레씨씨온	여 정확함, 정밀함; 필요성
prácticamente 쁘락띠까멘떼	부 실제로
prado 쁘라도	남 목초지, 목장
precio 쁘레씨오	남 값, 가격
precisar 쁘레시사르	타 명확히 하다

precoz 쁘레꼬스 — 형 조숙한	**pregunta** 쁘레군따 — 여 질문
predecir 쁘레데씨르 — 타 예언하다	**prejuicio** 쁘레후이씨오 — 남 선입관, 편견
predicar 쁘레디까르 — 타 설교하다	**premio** 쁘레미오 — 남 상(賞)
prefacio 쁘레파씨오 — 남 서문, 머리말	**prenda** 쁘렌다 — 여 의류; 담보

predominio 남 우위, 우월함
쁘레도미니오

preferencia 여 편애; 우선권
쁘레페렌씨아

preferir 타 좋아하다, 택하다
쁘레페리르

hacer una pregunta 질문하다
아세르 우나 쁘레군따

preguntar 타 질문하다, 묻다
쁘레군따르

preguntarse 재귀 자문하다
쁘레군따르세

preguntón, na 형 꼬치꼬치 물어보는, 질문을 잘 하는
쁘레군똔, 나

prehistórico, ca 형 선사 시대의
쁘레이스또리꼬, 까

340

prender 타 잡다, 체포하다 쁘렌데르	preparativo 남 준비 쁘레빠라띠보
preocupación 여 걱정 쁘레오꾸빠씨온	preposición 여 전치사 쁘레뽀씨씨온
preocupar 타 걱정시키다 쁘레오꾸빠르	presa 여 포획, 획득물; 댐 쁘레사
preparación 여 준비; 예습 쁘레빠라씨온	presagio 남 전조; 예감 쁘레사히오

prensa 여 신문, 보도 기관; 인쇄기; 압착기
쁘렌사

preocuparse 재귀 걱정하다
쁘레오꾸빠르세

No se preocupe 걱정하지 마십시오
노 세 쁘레오꾸뻬

No te preocupes 걱정하지 마라
노 떼 쁘레오꾸뻬스

preparar 타 준비하다, 예습하다
쁘레빠라르

presencia 여 존재; 전면; 풍채
쁘레센씨아

presentación 여 소개; 제출, 제시
쁘레센따씨온

presentar 타 소개하다; 입후보하다.
쁘레센따르

presente 쁘레쎈떼	형 있는, 출석한	pedir prestado 뻬디르 쁘레스따도	빌리다
presentir 쁘레센띠르	타 예감하다	prestar 쁘레스따르	타 빌려 주다
presión 쁘레씨온	여 압력	presupuesto 쁘레수뿌에스또	남 예산
preso, sa 쁘레소, 사	남여 포로	pretexto 쁘레떼스또	남 구실
prestado, da 쁘레스따도, 다	형 빌린	previo, via 쁘레비오, 비아	형 사전의

presentarse
쁘레센따르세
재귀 자신을 소개하다

Permítame presentarme a mí mismo
뻬르미따메 쁘레센따르메 아 미 미스모
제 자신을 소개하겠습니다

presentimiento
쁘레센띠미엔또
남 예감, 조짐

presidenta
쁘레씨덴따
여 여자 총재[의장, 주재자, 대통령];
대통령의 부인, 주재자의 아내

presidente
쁘레씨덴떼
남여 대통령, 총재, 의장, 주재자

préstamo
쁘레스따모
남 대부, 대출; 차관

previsión 여 예측, 예보 쁘레비씨온	princesa 여 공주 쁘린세사
prima 여 프레미엄, 보험료 쁘리마	principal 형 주요한, 주된 쁘린씨빨
primavera 여 봄 쁘리마베라	príncipe 남 왕자 쁘린씨뻬
primo, ma 남여 사촌 쁘리모, 마	principio 남 시작, 기원 쁘린씨삐오

prevención 여 예방; 주의, 조심
쁘레벤씨온

prevenir 타 준비하다; 조심하다; 예방하다
쁘레베니르

prever 타 예견하다, 예지하다
쁘레베르

primario, ria 형 최초의; 초등의; 기초적인
쁘리마리오, 리아

primer 형 첫째의. (primero가 남성 단수 명사 앞에서 o 탈락)
쁘리메르

primero, ra 형 첫째의. 부 첫째로, 우선, 최초로. 남 첫째
쁘리메로, 라

primitivo, va 형 원시의, 원시적인, 미개의
쁘리미띠보, 바

a principios de …의 초순에
아 쁘린씨삐오스 데

343

en principio 엠 쁘린씨삐오	처음에
prisa 쁘리사	여 서두름, 조급함
haber prisa 아베르 쁘리사	급하다

  darse prisa 다르세 쁘리사   서두르다, 급하다.

  tener prisa 떼네르 쁘리사   서두르다, 급하다

prisión 쁘리씨온   여 교도소; 감금, 징역

prisionero, ra 쁘리씨오네로, 라   남여 포로, 죄수

prisma 쁘리스마   남 프리즘; 기둥, 각기둥

privado, da 쁘리바도, 다   형 개인적인, 사적인

privar 쁘리바르   타 빼앗다, 박탈하다

privilegio 쁘리빌레히오   남 특권, 특전

problema 쁘로블레마   남 문제

probable 쁘로바블레   형 있을 법한, 가능성 있는, 그럴싸한

probablemente 쁘로바블레멘떼   부 아마, 아마도, 필경

probar 쁘로바르   타 시도하다; 시식하다, 시음하다; 증명하다

procesión 쁘로세씨온	여 행렬	prodigio 쁘로디히오	남 경이로움
proclamar 쁘로끌라마르	타 선언하다	producción 쁘로둑씨온	여 생산; 제작
prodigar 쁘로디가르	타 낭비하다	profesión 쁘로페씨온	여 (전문) 직업

probarse
쁘로바르세
재귀 옷을 입어 보다

proceso
쁘로세소
남 경과, 과정; 처치; 소송

procurar
쁘로꾸라르
타 애쓰다, 노력하다

prodigioso, sa
쁘로디히오소, 사
형 경이적인

producir
쁘로두시르
타 생산하다; 제작하다

producto
쁘로둑또
남 생산물, 제품, 제작물

¿Cuál es su profesión? 당신의 직업은 무엇입니까?
꾸알 에스 수 쁘로페씨온

profesional
쁘로페시오날
형 직업의; 본직의. 남여 전문가, 프로

profesor, ra
쁘로페소르, 라
남여 선생, 교수

profeta 쁘로페따	남 예언자	prólogo 쁘롤로고	남 서문, 머리말
profundidad 쁘로푼디닫	여 깊이	prolongar 쁘롤롱가르	타 연장하다
profundo, da 쁘로푼도, 다	형 깊은	promedio 쁘로메디오	남 평균
programa 쁘로그라마	남 프로그램	promesa 쁘로메사	여 약속
prohibición 쁘로이비씨온	여 금지	prometer 쁘로메떼르	타 약속하다
prójimo, ma 쁘로히모, 마	남여 이웃	pronombre 쁘로놈브레	남 대명사

progresar
쁘로그레사르
자 진보하다, 발전하다

progreso
쁘로그레소
남 진보, 발전, 향상

prohibir
쁘로이비르
타 금하다, 금지하다

Amarás a tu prójimo como a ti mismo
아마라스 아 뚜 프로히모 꼬모 아 띠 미스모
네 이웃을 네 몸처럼 사랑해라

prometido, da
쁘로메띠도, 다
남여 약혼자

promover
쁘로모베르
타 촉진하다; 승진시키다

pronóstico 남 예상, 예측 쁘로노스띠꼬	propina 여 팁 쁘로삐나
pronto 부 재빨리, 속히 쁘론또	de propina 팁으로 데 쁘로삐나
pronunciación 여 발음 쁘로눈씨아씨온	proporción 여 비율 쁘로뽀르씨온
pronunciar 타 발음하다 쁘로눈씨아르	proporcionar 타 공급하다 쁘로뽀르씨오나르
propaganda 여 선전 쁘로빠간다	proposición 여 제안, 신청 쁘로뽀씨씨온

tan pronto como ···하자마자
딴 쁘론또 꼬모

Hasta pronto 이른 시일 안에 만나자
아스따 쁘론또

propagar 타 선전하다; 번식시키다
쁘로빠가르

propiedad 여 소유권; 소유지; 특권
쁘로삐에닫

propietario, ria 남여 소유자
쁘로삐에따리오, 리아

propio, pia 형 자신의; 고유의
쁘로삐오, 삐아

proponer 타 제안하다, 제기하다
쁘로뽀네르

propósito 쁘로뽀씨또	남 의도, 목적	próspero, ra 쁘로스뻬로, 라	형 번영한
propuesta 쁘로뿌에스따	여 제안, 신청	protección 쁘로떽씨온	여 보호, 비호
prórroga 쁘로로가	여 연장, 연기	protesta 쁘로떼스따	여 항의, 이의
prosa 쁘로사	여 산문	protestar 쁘로떼스따르	타 항의하다
prosperar 쁘로스뻬라르	자 번영하다	provecho 쁘로베초	남 이익, 득

proseguir 쁘로세기르 — 타 계속해서 하다

protagonista 쁘로따고니스따 — 남여 주인공; 주역

protector, ra 쁘로떽또르, 라 — 형 보호하는. 남여 보호자

proteger 쁘로떼헤르 — 타 보호하다, 지키다

protestante 쁘로떼스딴떼 — 남여 개신교도, 신교도

provechoso, sa 쁘로베초소, 사 — 형 유익한, 유용한

proveer 쁘로베에르 — 타 준비하다, 갖추다; 공급하다

proverbio 쁘로베르비오	남 속담, 격언
providencia 쁘로비덴씨아	여 섭리, 신
provincia 쁘로빈씨아	여 주, 지방
provisión 쁘로비씨온	여 저장; 식량
prudencia 쁘루덴씨아	여 신중함, 분별
psicología 시꼴로히아	여 심리학

provenir
쁘로베니르
자 유래하다, 나오다, 비롯되다

provicional
쁘로비씨오날
형 임시의, 일시적인

provocar
쁘로뽀까르
타 도발하다; 유발하다

próximo, ma
쁘록시모, 마
형 다음의(que viene)

proyectar
쁘로옉따르
타 발사하다; 투영하다; 계획하다

proyecto
쁘로옉또
남 계획, 기획; 초안

prudente
쁘루덴떼
형 신중한, 분별력이 있는

prueba
쁘루에바
여 증거; 시험; 실험; 경기

publicación
뿌블리까씨온
여 출판; 공표, 발표

publicidad 뿌블리씨닫	여 광고, 선전
pueblecito 뿌에블레씨또	남 작은 마을
pueblo 뿌에블로	남 마을; 읍
pueblo costero 뿌에블로 꼬스떼로	해안 마을
puente 뿌엔떼	남 다리, 교량
puerco 뿌에르꼬	남 돼지
puerta 뿌에르따	여 문
puerto 뿌에르또	남 항구
puesta 뿌에스따	여 천체가 지는 것
puesta del sol 뿌에스따 델 솔	석양

publicar 뿌블리까르 타 출판하다; 발표하다, 공표하다

público, ca 뿌블리꼬, 까 형 공공의; 공개의. 남 공중, 청중

construir un puente 꼰스뜨루이르 운 뿌엔떼   다리를 건설하다

poner un puente 뽀네르 운 뿌엔떼   (이를) 걸다

Abra la puerta 아브라 라 뿌에르따   문을 열어 주십시오

Cierre la puerta 씨에뢰 라 뿌에르따   문을 닫아 주십시오

pues 뿌에스 접 왜냐하면, …하기 때문에; 그래서

pulga 뿔가	여 벼룩	punta 뿐따	여 끝, 선단; 뿔
pulgar 뿔가르	남 엄지손가락	punto 뿐또	남 점, 구두점
pulir 뿔리르	타 갈다, 연마하다	en punto 엠 뿐또	정각
pulmón 뿔몬	남 폐	punto de vista 뿐또 데 비스따	관점, 견지
pulsar 뿔사르	타 (손으로) 누르다	puñado 뿌냐도	남 한 줌, 한 움큼
pulsera 뿔세라	여 팔찌	puñal 뿌냘	남 단도, 비수
pulso 뿔소	남 맥, 맥박	puño 뿌뇨	남 주먹

puesto 뿌에스또   남 장소, 위치; 지위; 노점

mercado de pulgas 메르까도 데 뿔가스   벼룩시장

estar a punto de + 동사원형
에스따르 아 뿐또 데

막 …하려 하다, …할 찰나이다

puntual 뿐뚜알   형 시간을 엄수하는

Sé puntual 세 뿐뚜알   시간을 엄수해라.

pupila 뿌삘라	여 눈동자
purgar 뿌르가르	타 깨끗이 하다
purgativo 뿌르가띠보	남 하제(下劑)
purgatorio 뿌르가또리오	남 연옥

oro puro 오로 뿌로	순금
purpúreo, a 뿌르뿌레오, 아	형 자줏빛의
pus 뿌스	남 고름

pupitre
뿌삐뜨레
　남 공부 책상, 아동용 책상

purificación
뿌리피까씨온
　여 정화, 청정; 정련

purificar
뿌리피까르
　타 맑게 하다, 정화하다

puro, ra
뿌로, 라
　형 순수한, 순종의. 남 여송연, 시거

puta
뿌따
　여 성매매 여성, 매춘부

a fin de que 아 핀 데 께 …하도록	No hay de qué 천만에요 노 아이 데 께
para que 빠라 께 …하도록	quebrar 타 깨다, 부수다 께브라르
sin que 씬 께 … 함이 없이	queja 여 불평, 하소연; 탄식 께하

que
께 　대 [관계 대명사] …하는. 접 …라고, …하는 것, …하는 일을

a menos que　　　　　　　　…하지 않으면
아 메노 께

a no ser que　　　　　　　　…하지 않으면
아 노 세르 께

con tal (de) que　　　…하는 조건으로, …하면
꼰 딸 (데) 께

en caso de que　　　　　　　…할 경우에
엔 까소 데 께

qué　　　형 무슨, 어떤. 대 무엇. 부 굉장히, 매우
께

quebrantar　　　　타 부수다, 깨다, 쪼개다, 빻다
깨브란따르

quedar　　　　　자 남다, 있다, 체류하다; 되다
께다르

quedarse　　　재귀 남다, 남아 있다, 있다, 뒤처지다
께다르세

quejarse 재귀 불평하다 께하르세	**quién** 대 누구 끼엔
quemadura 여 화상 께마두라	**a quién** 누구를, 누구에게 아 끼엔
queso 남 치즈 께소	**de quién** 누구의 데 끼엔
quiebra 여 파산, 도산 끼에브라	**quienquiera** 대 누구이건 끼엔끼에라

quehacer 남 일, 볼일, 업무
께하세르

quemar 타 태우다, 굽다, 불사르다
께마르

quemarse 재귀 데다; 그을리다
께마르세

querer 타 원하다, 바라다; 좋아하다, 사랑하다
께레르

querer + 동사 원형 …하고 싶다, 하기를 원하다
께레르

Querer es poder 정신일도 하사불성(精神一到何事不成)
께레르 에스 뽀데르

querido, da 형 사랑하는, 친애하는. 남여 애인
께리도, 다

quien 대 [관계 대명사] …하는 (사람)
끼엔

química 끼미까	여 화학	quitar 끼따르	타 빼앗다; 벗기다
quinta 낀따	여 별장	quitarse 끼따르세	재귀 벗다

quinta 낀따 여 별장

quitarse 끼따르세 재귀 벗다

químico, ca 형 화학의. 남여 화학자
끼미꼬, 까

quince 형 15의, 열다섯 번째의. 남 15
낀세

quinientos, tas 형 500의; 500번째의. 남 500
끼니엔또스, 따스

quinto, ta 형 다섯째의. 남 다섯째, 5분의 1
낀또, 따

quiosco 남 신문 판매대, 매점
끼오스꼬

Quítate las gafas 안경을 벗어라
끼따떼 라스 가파스

quizá 부 아마, 아마도, 필경
끼사

quizás 부 아마, 아마도, 필경
끼사스

Quizás tengas razón 아마 네 말이 맞을 지도 모른다
끼사스 뗑가스 라손

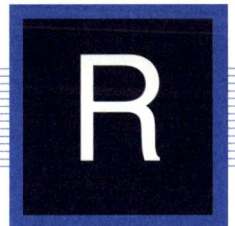

rabo 라보	남 꼬리	rail, raíl 라일	남 레일
racimo 라씨모	남 (과실의) 송이	raíz 라이스	여 뿌리
ración 라씨온	여 1인분(의 식사)	rama 라마	여 (나무의) 가지; 분야
racional 라씨오날	형 합리적인	ramillete 라미예떼	남 꽃다발
radar 라다르	남 레이더	rana 라나	여 개구리
radiactivo, va 라디악띠보, 바	형 방사성의	rango 랑고	남 지위, 신분, 계급

radiar
라디아르
타 방사하다; 방송하다

radical
라디깔
형 근본적인; 급진적인

radio
라디오
여 라디오. 남 반경, 라듐

ramo
라모
남 작은 가지; 꽃다발; 부문, 분야

rápido, da
라삐도, 다
형 빠른. 부 빨리. 남 급행열차

raro, ra
라로, 라
형 드문, 귀한, 진기한

rapidez 라뻬데스	여 신속함, 빠름
rascacielos 라스까씨엘로스	남 마천루
rata 라따	여 쥐
raya 라야	여 선, 줄; 무늬
ratito 라띠또	남 잠깐 (rato의 축소사)
rato 라또	남 잠시, 잠깐, 짧은 시간
ratón 라똔	남 생쥐; ((컴퓨터)) 마우스
tener razón 떼네르 라손	옳다, 타당하다, 일리가 있다
razonable 라소나블레	형 이유 있는, 타당한
reacción 레악씨온	여 반응; 반동, 반발
reaccionar 레악씨오나르	자 반응하다; 반발하다
reactor 레악또르	남 원자로; 제트기; 제트 엔진
rayo 라요	남 광선
razón 라손	여 이유, 까닭
precio razonable 쁘레씨오 라소나블레	적정가
en realidad 엔 레알리닫	실제로, 사실

rebelión 뤼벨리온	여 반란, 반역	**receta** 뤼세따	여 처방전; 조리법

real 뤼알   형 현실의, 실제의; 왕의, 왕립의

realidad 뤼알리닫   여 현실, 사실, 진실, 실제

realismo 뤼알리스모   남 현실주의, 사실주의

realista 뤼알리스따   형 현실주의의. 남여 현실주의자, 사실주의자

realizar 뤼알리사르   타 실현하다, 실행하다

rebaja 뤼바하   여 가격 인하; 바겐세일

rebajar 뤼바하르   자타 가격을 인하하다

recado 뤼까도   남 전언, 짧은 편지, 쪽지

recepción 뤼셉씨온   여 수령; 프런트; 환영회

recepcionista 뤼셉씨오니스따   남여 (프런트의) 접수원

rechinar 뤼치나르   자타 삐걱거리다, 삐걱삐걱 소리내다, 털털거리다

recibir 레시비르	타 받다
recibo 레시보	남 영수증
reciente 레시엔떼	형 최근의
recientemente 레시엔떼멘떼	부 최근
recinto 레신또	남 구내
reclamar 레끌라마르	타 요구하다. 자 항의하다
recoger 레꼬헤르	타 줍다, 모으다, 거두다
recomendación 레꼬멘다씨온	여 권장, 추천, 의뢰
recomendar 레꼬멘다르	타 추천하다; 권장하다
reconciliarse 레꼰씰리아르세	재귀 화해하다
reconocer 레꼬노쎄르	타 권하다, 추천하다
reconocimiento 레꼬노씨미엔또	남 식별; 승인; 검사; 감사
recíproco, ca 레시쁘로꼬, 까	형 상호의
recitar 레씨따르	타 읊다, 낭송하다
recobrar 레꼬브라르	타 회복하다
recolección 레꼴렉씨온	여 수확; 수집
reconciliar 레꼰씰리아르	타 화해시키다

reconstruir 뢰꼰스뜨루이르	타 재건하다	recuperar 뢰꾸뻬라르	타 회복하다
récord 뢰꼬르	남 기록	red 뢷	여 그물
rector, ra 뢱또르, 라	남여 학장	redacción 리닥씨온	여 편집, 편집부

recordar 타 기억하다, 생각해 내다
뢰꼬르다르

recorrer 타 쏘다니다, 돌아다니다
뢰꼬뢰르

recreo 남 오락, 레크레이션
뢰끄레오

recto, ta 형 곧은, 똑바른; 공정한; 정직한
뢱또, 따

recuerdo 남 회상, 추억; 기념품, 선물. 복 안부
뢰꾸에르도

Recuerdos a su familia 가족에게 안부 전해 주세요
뢰꾸에르도스 아 수 파밀리아

rechazar 타 거절하다; 격퇴하다
뢰차사르

redactar 타 (문서 등을) 쓰다; 작성하다
뢰닥따르

redondo, da 형 둥근, 원형의
뢰돈도, 다

reducción 뢰둑씨온	여 삭감, 축소	refranero 뢰프라네로	남 격언집
reflejo 뢰플레호	형 반사광	refrescar 뢰프레스까르	타 시원하게 하다
reflexión 뢰플렉시온	여 숙고; 반성	refresco 뢰프레스꼬	남 청량 음료수
reflexivo, va 레플렉시보, 바	형 재귀의	refrigerador 뢰프리헤라도르	남 냉장고
verbo reflexivo 베르보 뢰플렉시보	재귀 동사	refuerzo 뢰푸에르소	남 보강, 증강
reforma 뢰포르마	여 개혁, 개정	refugiarse 뢰푸히아르세	재귀 피난하다
refrán 뢰프란	남 격언	regalar 뢰갈라르	타 선물하다

reducir 뢰두씨르　　타 삭감하다, 축소하다

referencia 뢰페렌씨아　　여 언급, 관련; 참조; 조회

referir 뢰페리르　　타 언급하다, 말하다, 이야기하다

reflexionar 뢰플렉시오나르　　타 숙고하다, 반성하다

reformar 뢰포르마르　　타 개혁하다, 개정하다

regalo 뢰갈로	남 선물	rehusar 뢰우사르	타 거절하다
región 뢰히온	여 지방	reina 뢰이나	여 여왕; 왕비
regla 뢰글라	여 규칙, 법칙; 자	reinado 뢰이나도	남 통치, 군림
regreso 뢰그레소	남 귀환	reino 뢰이노	남 왕국
rehén 뢰엔	남 인질	reír 뢰이르	자 웃다

régimen 뢰히멘   남 정체, 체제; 식이 요법, 다이어트

registrar 뢰히스뜨라르   타 등록하다; 검사하다

registro 뢰히스뜨로   남 검사, 등기, 대장, 등기부

regresar 뢰그레사르   자 되돌아가다, 되돌아오다

regular 뢰굴라르   형 규칙적인; 보통의. 타 규제하다; 조절하다

rehacer 뢰아세르   타 다시 만들다, 수선하다, 고치다

reinar 뢰이나르   타 통치하다, 군림하다

reja 뢰하	여 격자, 격자창	religión 를리히온	여 종교
relación 를라씨온	여 관계, 관련	reloj 를로흐	남 시계
relacionar 를라시오나르	타 관련시키다	relojería 를로헤리아	여 시계포

relacionarse 재귀 관련되다
를라시오나르세

relajante 형 긴장이 풀린, 마음이 편안한
뢰라한떼

relámpago 남 번개, 번갯불
를람빠고

relatar 타 이야기하다, 말하다
뢰라따르

relativo, va 형 관계가 있는; 상대적인
를라띠보, 바

religioso, sa 형 종교의; 신심이 깊은. 남 수도사, 수녀
를리히오소, 사

rellenar 타 채우다, 채워 넣다
뢰예나르

relojero, ra 남여 시계 장수, 시계포 주인
를로헤로, 라

remediar 타 구제하다; 치료하다
뢰메디아르

remitir 타 보내다 레미띠르	**rendirse** 재귀 항복하다 렌디르세
remoto, ta 형 먼 레모또, 따	**renombre** 남 명성, 고명 레놈브레
rendición 여 항복 렌디씨온	**renta** 여 소득; 연금; 임차료 렌따
rendir 타 굴복시키다 렌디르	**reñirse** 재귀 서로 다투다 레니르세
remedio 레메디오	남 대책, 방법, 조치, 치료
remendar 레멘다르	타 수리하다, 수선하다
remesa 레메사	여 발송, 발송품; 송금
remitente 레미뗀떼	남여 보내는 사람
renacimiento 레나씨미엔또	남 재생, 부활
Renacimiento 레나씨미엔또	남 루네상스
renombrado, da 레놈브라도, 다	형 유명한
renunciar 레눈씨아르	타 버리다, 포기하다

repartir 레빠르띠르	타 분배하다	repetición 레뻬띠씨온	여 반복, 되풀이

repartir 레빠르띠르 　타 분배하다

reparto 레빠르또 　남 분배

repaso 레빠소 　남 복습

repente 레뻰떼 　남 급한 동작

de repente 데 레뻰떼 　갑자기, 돌연

repetición 레뻬띠씨온 　여 반복, 되풀이

repollo 레뽀요 　남 배추

reportaje 레뽀르따헤 　남 신문 기사

reposar 레뽀사르 　자 쉬다, 휴식하다

reposo 레뽀소 　남 휴식

reñir 로니르 　자 말다툼하다, 언쟁하다, 다투다

reparación 레빠라씨온 　여 수리, 수선; 보상

reparar 레빠라르 　타 수리하다, 수선하다; 보상하다

repetir 레뻬띠르 　타 반복하다, 되풀이하다

representación 레쁘레센따씨온 　여 표현; 상연; 대표

representante 레쁘레센딴떼 　남여 대표자; 대리인

representar 레쁘레센따르 　타 대표하다; 표현하다; 연출하다

reprender 리쁘렌데르	타 꾸중하다	residencia 리씨덴씨아	여 거주; 저택
reprochar 리쁘로차르	타 비난하다	residente 리씨덴떼	남여 거주자
reproche 리쁘로체	남 비난	residir 리씨디르	자 거주하다
reputación 리뿌따씨온	여 평판; 명성	residuo 리씨두오	남 나머지, 찌꺼기
reserva 리세르바	여 예약	resistencia 리씨스뗀씨아	여 저항, 반항
reservar 리세르바르	타 예약하다	respirar 리스삐라르	자타 호흡하다

reproducir 타 재현하다; 복제하다
리쁘로두시르

república 여 공화국; 공화제
리뿌블리까

República de Corea 대한민국
리뿌블리까 데 꼬레아

republicano, na 형 공화국의, 공화제의. 남여 공화주의자
리뿌블리까노, 나

repuesto 남 비축; 교환 부품
리뿌에스또

resfriado, da 형 감기 걸린. 남 감기
리스프리아도, 다

responsabilidad 여 책임 뢰스뽄사빌리닫	restar 타 공제하다. 자 남다 뢰스따르
responsable 형 책임 있는 뢰스뽄사블레	restaurante 남 식당 뢰스따우란떼

resistir 자타 참다, 견디다; 거역하다
뢰씨스띠르

resolución 여 해결; 결정, 결의, 결심
뢰솔루씨온

resolver 타 결정하다, 결심하다; 해결하다
뢰솔베르

respectivo, va 형 각자의, 저마다의
뢰스뻭띠보, 바

respetar 타 존경하다, 존중하다
뢰스뻬따르

respiración 여 호흡; 호흡 작용
뢰스삐라씨온

responder 타 대답하다, 답하다
뢰스뽄데르

respuesta 여 대답, 답; 회답
뢰스뿌에스따

restablecer 타 복구시키다, 회복시키다
뢰스따블레세르

restablecerse 재귀 회복되다
뢰스따블레세르세

resultado 뢰술따도	명 결과	retrato 뢰뜨라또	명 초상화

restaurante argentino   아르헨티나 식당
뢰스따우란떼 아르헨띠노

restaurante coreano   한국 식당
뢰스따우란떼 꼬레아노

restaurante chino   중국 식당
뢰스따우란떼 치노

restaurante español   스페인 식당
뢰스따우란떼 에스빠뇰

restaurante italiano   이탈리아 식당
뢰스따우란떼 이딸리아노

restaurante japonés   일본 식당
뢰스따우란떼 하뽀네스

restaurante mexicano   멕시코 식당
뢰스따우란떼 메히까노

restaurar   타 부흥시키다; 복원하다, 수복하다
뢰스따우라르

resto   명 나머지, 잔여; 잔금. 명복 유물, 유골, 시체
뢰스또

restricción   여 제한, 구속, 속박
뢰스뜨릭씨온

resultar   자 결과가 …이 되다, …로 되다
뢰술따르

retrete 뢰뜨레떼	남 변소	riesgo 뤼에스고	남 위험
reunión 뢰우니온	여 모임, 회합	río 뤼오	남 강(江)
reunir 뢰우니르	타 모으다	risa 뤼사	여 웃음
revista semanal 뢰비스따 세마날	주간 잡지	rítmo 리뜨모	남 리듬
revista mensual 뢰비스따 멘수알	월간 잡지	robar 르로바르	타 훔치다
revolución 뢰볼루씨온	여 혁명; 회전	roble 르로블레	남 떡갈나무
rey 뢰이	남 왕	robo 르로보	남 도둑질

reunirse
뢰우니르세 　　　　　재귀 모이다, 결합하다

revelar
뢰벨라르 　　　　　타 폭로하다; 현상하다

revista
뢰비스따 　　　　　여 잡지; 검사, 정밀 조사

rico, ca
뤼꼬, 까 　　　　　형 부유한; 맛있는. 남여 부자

riqueza
뤼께사 　　　　　여 부, 풍부함, 풍성함

roer 르로에르	타 갉다, 쏠다	rosa negra 르로사 네그라	흑장미
rojo, ja 르로호, 하	형 붉은	rosa roja 르로사 르로하	붉은 장미
color rojo 꼴로르 르로호	붉은 색	rosado, da 르로사도, 다	형 핑크색의
ropa 르로빠	여 옷, 의류	rostro 르로스뜨로	남 얼굴
rosa blanca 르로사 블랑까	백장미	diente rota 디엔떼 르로따	부러진 이

rogar
르로가르
타 기원하다, 간청하다

ramano, na
로마노, 나
형 로마의. 남여 로마 사람

romper
르롬뻬르
타 부수다, 쪼개다, 찢다

romperse
르롬뻬르세
재귀 부서지다, 쪼개지다, 찢어지다; 부러뜨리다, 부수다

rosa
르로사
여 장미, 장미꽃, 장미화

rotación
로따씨온
여 회전; (지구의) 자전

roto, ta
르로또, 따
형 부서진, 깨진, 쪼개진

rubí 르루비	남 루비, 홍옥	**ruido** 르루이도	남 소음; 잡음
rubio, bia 르루비오, 비아	형 금발의	**rumor** 루모르	남 루머, 소문
tabaco rubio 따바꼬 르루비오	순한 담배	**rural** 루랄	형 시골의
rueda 루에다	여 바퀴	**Rusia** 르루씨아	((국명)) 러시아
ruego 루에고	남 간청, 청원	**ruta** 루	여 길, 루트, 경로

chica rubia 금발 머리 아가씨
치까 르루비아

hacer ruido 소란을 피우다, 소리를 지르다
아쎄르 르루이도

ruso, sa 형 러시아의. 남여 러시아 사람. 남 러시아 어
르루소, 사

sábado 남 토요일 사바도	sabroso, sa 형 맛있는 사브로소, 사
sábana 여 시트, 홑이불 사바나	sacar 타 꺼내다, 뽑다 사까르
saber 동타 알다, 알고 있다 사베르	sacar el billete 표를 사다 사까르 엘 비예떼
saber a …의 맛이 나다 사베르 아	saco 남 자루; 웃옷, 저고리 사꼬
sabiduría 여 지식 사비두리아	sacrificar 타 희생시키다 사끄리피까르
sabor 남 맛 사보르	sacrificarse 재귀 희생하다 사끄리피까르세

Hasta el sábado
아스따 엘 사바도
토요일에 만납시다

sabana
사바나
여 (열대의) 대초원, 평원

saber + 동사 원형
사베르
…하는 법을 알다

Esto sabe a ajo
에스또 사베 아 아호
이것은 마늘 냄새가 난다

sabio, bia
사비오, 비아
형 영리한, 현명한, 박식한

sacar una fotografía
사까르 우나 포또그라피아
사진을 찍다

sacrificio 사끄리피씨오	남 희생; 희생물	sala 살라	여 큰 방, 거실
sacudir 사꾸디르	타 흔들다	sala de clase 살라 데 끌라세	교실
sagaz 사가스	형 명민한	salado, da 살라도, 다	형 (맛이) 짠
sake 사께	남 청주, 정종	salida 살리다	여 출구; 출발
sal 살	여 소금	saliva 살리바	여 침

sagrado, da 　　　　　　　　형 신성한, 성스러운
사그라도, 다

Pásame la sal 　　　　　　　소금을 건네 주라
빠사메 라 살

salida del metro 　　　　　　지하철 출구
살리다 델 메뜨로

salir 　　　　　　　　자 나가다, 나오다, 출발하다
살리르

salir a la calle 　　　　　　　거리에 나가다
살리르 알 라 까예

salir de …에서 나가다[나오다], …를 출발하다[떠나다]
살리르 데

salir para 　　　　　　…로[향해서] 출발하다[떠나다]
살리르 빠라

salmón 남 ((어류)) 연어
살몬

salud 여 건강. 감 건배!
살룻

salón 남 응접실; 홀, 살롱
살롱

saludar 타 인사하다
살루다르

salsa 여 소스; 살사 춤
살사

saludo 남 인사. 복 안부
살루도

salsa de soja 간장
살사 데 소하

salvaje 형 야생의; 미개의
살바헤

saltar 자 뛰다, 점프하다
살따르

animal salvaje 야생 동물
아니말 살바헤

salto 남 도약, 점프; 폭포
살또

salvo, va 형 무사한
살보, 바

  salmón ahumado 훈제 연어
  살몬 아우마도

  salón-comedor 남 응접실 겸 식당
  살론 꼬메도르

  saludable 형 건강이 좋은, 건전한
  살루다블레

  Saludos a su señora 부인에게 안부 전해 주십시오
  살루도스 아 수 세뇨라

  salvadoreño, ña 형 엘살바도르의. 남여 엘살바도르 사람
  살바도레뇨, 냐

  salvar 타 구조하다, 구원하다; 극복하다
  살바르

sano y salvo 무사히 사노 이 살보	**sano, na** 형 건전한, 건강한 사노, 나
sandalia 여 샌들 산달리아	**alimento sano** 건강 식품 알리멘또 사노
sandía 여 수박 산디아	**sardina** 여 정어리 사르디나
sangre 여 피, 혈액 상그레	**sargento** 남 하사, 하사관 사르헨또
sangriento, ta 형 유혈의 상그리엔또, 따	**sartén** 여 프라이팬 사르뗀
sanidad 여 위생; 건강 사니닫	**sastre** 남 재단사 사스뜨레
sanitario, ria 형 위생의 사니따리오, 리아	**sastrería** 여 양복점 사스뜨레리아

banco de sangre 혈액 은행
방꼬 데 상그레

santo, ta 형 성(聖), 성스러운. 남여 성인
산또, 따

santuario 남 성당, 신당(神堂)
상뚜아리오

sardana 여 사르다나 ((까딸루냐 지방의 춤의 하나))
사르다나

sardanista 남여 sardana 연구자[연구가]
사르다니스따

satélite 남 위성; 인공 위성
사뗄리떼

satisfacción 여 만족
사띠스팍씨온

satisfacer 타 만족시키다
사띠스파세르

satisfecho, cha 형 만족한
사띠스페초, 차

sazón 남 성숙함; 맛; 호기
사손

sé 동 나는 안다; …되어라
세

Sé bien 나는 잘 안다
세 비엔

seco, ca 형 건조한, 마른
세꼬, 까

secretaría 여 사무국
세끄레따리아

sed 여 갈증, 목마름
셀

Estoy satisfecho 잘 먹었습니다.
에스또이 사띠스페초

se
세 (재귀 대명사) 3인칭 단수 및 복수형과 원형.
  대 (간접 목적 대명사) 그에게, 그녀에게, 당신에게; 그들에게, 당신들에게

No lo sé 나는 그것을 모른다
놀 로 세

Sé bueno 착한 사람이 되어라
세 부에노

secar 타 건조시키다, 말리다
세까르

sección 여 부문, 부분, 과, 단면
섹씨온

seda 세다	여 비단, 실크	**seguida** 세기다	여 연속, 계속
sede 세데	여 본부	**según** 세군	전 …에 의하면

secretario, ria 세끄레따리오, 리아   남여 비서, 비서관

secretario general 세끄레따리오 헤네랄   사무총장

secreto, ta 세끄레또   형 비밀의. 남 비밀

guardar el secreto 구아르다르 엘 세끄레또   비밀을 지키다

tener sed 떼네르 셀   목마르다, 갈증이 나다

Tengo mucha sed 뗑고 무차 셑   나는 무척 목이 마르다

medias de seda 메디아스 데 세다   실크 스타킹

en seguida 엔 세기다   즉시, 즉각, 당장

seguir 타 따르다, 추종하다, 뒤따라 가다; 더듬어 가다
세기르

Siga bien 씨가 비엔   잘 가십시오, 조심해 가십시오

seguridad 세구리닫	여 안전	**sello** 세요	남 우표; 도장
selva 셀바	여 밀림	**semana** 세나마	여 주(週)

Siga derecho   똑바로 가십시오
씨가 데레초

según una noticia   소식에 의하면
세군 우나 노띠씨아

segundo, da   형 둘째의, 제이의, 두 번째의.
세군도   남 둘째, 두 번째 부 둘째로

seguramente   부 안전하게, 틀림없이
세구라멘떼

seguridad nacional   국가 안보
세구리닫 나씨오날

seguro, ra   형 안전한, 확고한, 확실한. 남 보험
세구로, 라

seis   형 6의; 여섯째의. 남 6, 여섯
세이스

seiscientos, tas   형 600의; 600번째의. 남 600
세이스씨엔또스, 따스

selección   여 선택, 선발; 선집
셀렉씨온

semáforo   남 신호기, 신호등
세마포로

semanal 형 주의 세마날	semilla 여 종자, 씨앗 세미아
salario semanal 주급 살라리오 세마날	senda 여 샛길 센다
revista semanal 주간 잡지 뢰비스따 세마날	sensación 여 감정, 느낌 센사씨온
semejante 형 비슷한, 닮은 세메한떼	sentarse 재귀 앉다 센따르세
semestre 남 반년 세메스뜨레	Sentaos 너희들 앉아라 센따오스

Buen fin de semana 　　주말을 잘 보내십시오
부엔 핀 데 세마나

sencillo, lla 　　형 간단한, 단순한; 단일의
센씨요, 야

sensato, ta 　　형 분별[사려] 있는
센사또, 따

sensibilidad 　　여 감수성; 감각
센씨빌리닫

sensible 　　형 분별 있는, 양식이 있는, 현명한
센씨블레

sentado, da 　　형 앉은, 앉아 있는
센따도, 다

sentar 　　재타 앉히다; 어울리다
센따르

Siéntate (너) 앉아라 씨엔따떼	sentencia 여 판결; 격언 센뗀씨아
No te sientes 너 앉지 마라 노 떼 씨엔떼스	sentimental 형 감상적인 센띠멘딸
Siéntese (당신) 앉으십시오 씨엔떼세	sentimiento 남 감정 센띠미엔또

sentar la cabeza 분별을 찾다
센따르 라 까베사

No os sentéis 너희들 앉지 마라
노 오스 센떼이스

Sentémonos 우리 앉읍시다
센떼모노스

No nos sentemos 우리 앉지 맙시다
노 노스 센떼모스

No se siente (당신) 앉지 마세요
노 세 씨엔떼

Siéntense (여러분) 앉으십시오
씨엔뗀세

No se sienten (여러분) 앉지 마세요
노 세 씨엔뗀

No te sienta bien 너한테 잘 어울리지 않는다
노 떼 씨엔따 비엔

sentido 남 의미; 감각; 방향
센띠도

Lo siento 로 씨엔또	미안합니다	**septiembre** 셉띠엠브레	남 9월

señal 세냘 — 여 신호; 표시

ser 세르 — 자 이다; 있다, 존재하다

señora 세뇨라 — 여 부인, 여사

serie 세리에 — 여 시리즈, 연속, 일련

sentir 센띠르 — 자타 느끼다, 미안해하다, 유감이다, 안됐다

Lo siento mucho 로 씨엔또 무초 — 대단히 미안합니다, 참 안됐습니다

¡Cuánto lo siento! 꾸안또 로 씨엔또 — 정말 안됐군요!

sentirse 센띠르세 — 재귀 느끼다, 유감으로 생각하다

señor 세뇨르 — 남 씨, 분, 귀하, 님; 선생

señorita 세뇨리따 — 여 아가씨, 양, 미스

separar 세빠라르 — 타 나누다, 분리하다

separarse 세빠라르세 — 재귀 헤어지다, 이별하다

séptimo, ma 셉띠모, 마 — 형 일곱째의. 남 일곱째

serpiente 여 뱀 세르삐엔떼	**sesión** 여 회의; 공연, 상연 세씨온
servilleta 여 냅킨 세르비예따	**seta** 여 버섯 세따
servirse + inf. …해 주시다 세르비르세	**severo, ra** 형 엄한 세베로, 라

sereno, na 형 평정한. 남 야경
세레노, 나

serio, ria 형 진지한; 고지식한; 심각한
세리오, 리아

servicio 남 봉사, 서비스; 봉사료; 근무, 업무; 영업; 화장실
세르비씨오

servidor, ra 남여 하인, 봉사자, 급사
세르비도르, 라

servir 자타 섬기다, 봉사하다, 거들다
세르비르

sesenta 형 60의; 60번째의. 남 60, 예순
세센따

setecientos, tas 형 700의; 700번째의. 남 700
세떼씨엔또스

setenta 형 70의, 70번째의. 남 70, 일흔
세뗀따

sevillano, na 남여 세비야 사람
세비야노, 나

sexo 섹소	남 성(性)	para siempre 빠라 씨엠쁘레	영원히
sexual 섹수알	형 성의, 성적인	sierra 씨에라	여 산맥
relación sexual 렐라씨온 섹수알	성관계	siesta 씨에스따	여 낮잠
si 씨	접 만일 …이라면	significado 시그니피까도	남 의미

sexto, ta 형 여섯째의, 여섯 번째의. 남 여섯째, 6분의 1
세스또, 따

sí 부 예. 대 자기 자신, 그것 자체
씨

siempre 부 늘, 항상, 언제나
씨엠쁘레

siempre que …할 때는 언제나
씨엠쁘레 께

dormir [echar] la siesta 낮잠을 자다
도르미르 [에차르] 라 씨에스따

siete 형 7의; 일곱째의. 남 7, 일곱
씨에떼

siglo 남 세기, 백년, 오랫동안
씨글로

significar 타 의미하다, 뜻하다
씨그니피까르

siguiente 씨게엔떼	형 다음의
sílaba 씰라바	여 음절
silencio 씰렌씨오	남 정숙; 침묵
silla 씨야	여 의자
sillón 씨욘	남 안락의자
silvestre 씰베스뜨레	형 야생의
símbolo 씸볼로	남 상징
similar 씨밀라르	형 유사한, 비슷한
simpatía 씸빠띠아	여 호감; 공감
simultáneo, a 씨물따네오, 아	형 동시의
sin 씬	전 … 없는; … 없이
sinceridad 씬세리닫	여 성실함

silencioso, sa 씰렌씨오소, 사   형 정숙한, 무언의

silencioso, sa 씰렌씨오소, 사   형 정숙한, 무언의

simpático, ca 씸빠띠꼬, 까   형 상냥스런, 호감이 가는

simple 씸쁠레   형 단순한, 간단한; 단일의; 간소한

sin que + subj. 씬 께   …하지 않고, …함이 없이

sincero, ra 씬세로, 라   형 성실한, 진지한

| sindicato 남 노동 조합
씬디까또 | sitio 남 장소; 포위
씨띠오 |
|---|---|
| sinfonía 여 심포니, 교향곡
씬포니아 | situado, da 형 위치한
씨뚜아도, 다 |
| síntoma 남 징후; 전조
씬또마 | so 전 … 아래
소 |
| sinvergüenza 남여 철면피
씬베르구엔사 | soberanía 여 주권
소베라니아 |
| siquiera 부 하다못해
씨끼에라 | soberano, na 남여 군주
소베라노, 나 |

singular 형 독특한, ; 기묘한; ((문법)) 단수의
씽굴라르

sino 접 (…이 아니고) …이다
씨노

no A sino B   A가 아니고 B다
노   씨노

sinónimo, ma   형 동의의. 남 동의어
씨노니모, 마

ni siquiera   …조차 … 아니다
니 씨끼에라

sistema   남 조직, 기구, 계통, 제도, 시스템
씨스떼마

situación   여 상태, 상황, 입장, 정세
씨뚜아씨온

sobre todo 소브레 또도	특히, 더욱이	sofá 소파	남 소파
socialismo 소씨알리스모	남 사회주의	sofocar 소포까르	타 질식시키다
socorro 소꼬르로	남 구조, 구제	sol 솔	남 태양, 해

sobre
소브레
전 …의 위에; …에 관해서. 남 봉투

sobresaliente
소브레살리엔떼
형 걸출한, 우수한

sobrino, na
소브리노, 나
남여 조카, 생질, 질녀

social
소씨알
형 사회의, 사회적인; 회사의

socialista
소씨알리스따
형 사회주의의. 남여 사회주의자

sociedad
소씨에닫
여 사회; 회, 모임, 협회, 클럽, 학회; 회사

socio, cia
소씨오, 씨아
남여 조합원, 출자 사원; 회원

Casa de Socorro
까사 데 소꼬르로
응급 구제소

solamente
솔라멘떼
부 오직, 단지, 뿐

tomar el sol 또마르 엘 솔	일광욕하다
soledad 솔레닫	여 고독
solemne 솔렘네	형 장엄한
solicitud 솔리씨뚣	여 신청, 지원
solitario, ria 솔리따리오, 리아	형 고독한
soldado, da 솔다도, 다	남여 병사, 군인
solicitar 솔리씨따르	타 신청하다; 지원하다
sólido, da 솔리도, 다	형 견고한, 단단한
solo, la 솔로, 라	형 단일의, 오직 하나의, 외톨의
soltero, ra 솔떼로, 라	남여 미혼, 독신자. 형 미혼의, 독신의
solterón, na 솔떼론, 나	남여 노총각, 노처녀
solución 솔루씨온	여 해결, 해답; 용해
sólo 솔로	부 오직, 단지, 뿐
solsticio 솔스띠씨오	남 동지, 하지
solucionar 솔루씨오나르	타 해결하다
sombra 솜브라	여 그늘, 그림자
sombrerería 솜브레레리아	모자 가게

sombrero 솜브레로	남 모자	soplar 소쁠라르	자 바람이 불다
son 손	남 소리	soplón, na 소쁠론, 나	남여 고자쟁이
sonar 소나르	자 울리다	soportar 소뽀르따르	타 참다
sonecico 소네씨꼬	남 작은 소리	sorprender 소르쁘렌데르	타 놀라게 하다
sonido 소니도	남 소리	sorprenderse 소르쁘렌데르세	재귀 놀라다
sonrisa 손리사	여 미소	sorpresa 소르쁘레사	여 놀라움
soñar 소냐르	자 꿈꾸다	sortco 소르떼오	남 추첨
sopa 소빠	여 수프, 국	sostén 소스뗀	남 브래지어

sombrerero, ra
솜브레레로, 라
모자 가게 주인; 모자 장수

sonreír
손래이르
자 미소 짓다, 방긋 웃다

sordo, da
소르도, 다
형 귀가 먼, 귀먹은. 남여 귀머거리

sortija
소르띠하
여 (문양이 있는) 반지

sótano 소따노	남 지하실	sudar 수다르	자 땀이 나다
suave 수아베	형 부드러운	sudor 수도르	남 땀
subir 수비르	자타 오르다, 올리다	sueldo 수엘도	남 봉급, 급료
submarino 숩마리노	남 잠수함	suelto 수엘또	남 잔돈
sucio, cia 수씨오, 씨아	형 더러운	tener sueño 떼네르 수에뇨	졸리다
sucursal 수꾸르살	여 지점, 지사	Tengo sueño 뗑고 수에뇨	나는 졸린다

su 수 — 형 그의, 그녀의, 당신의, 그들의, 그녀들의, 당신들의, 그것의, 그것들의

subdirector, ra 숩디렉또르, 라 — 남여 부사장, 부공장장

suegro, gra 수에그로, 그라 — 남여 장인, 시아버지; 장모, 시어머니

cuarto sucio 꾸아르또 수씨오 — 더러운 방

suelo 수엘로 — 남 지면, 땅바닥, 방바닥, 마루

sueño 수에뇨 — 남 졸음, 수면, 꿈, 몽상

suerte 수에르떼	여 운, 행운	sumar 수마르	타 합계하다
tener suerte 떼네르 수에르떼	운이 있다	suministrar 수미니스뜨라르	타 공급하다
suficiente 수피씨엔떼	형 충분한	suministro 수미니스뜨로	남 공급
sujeto 수헤또	남 주제; 사람; 주어	súper 수뻬르	남 고급 기름, 슈퍼
suma 수마	여 합계	superior 수뻬리오르	형 위의; 상급의

Buena suerte 잘 다녀오십시오, 안녕히 가십시오
부에나 수에르떼

Mucha suerte 운이 좋으시군요
무차 수에르떼

sufrir 동 괴로워하다, 고민하다; (괴로움을) 당하다
수프리르

sugerir 동 제안하다; 암시하다
수헤리르

superficie 여 표면, 외면; 면적
수뻬르피씨에

superfluo, flua 형 쓸데없는, 헛된
수뻬르플루오, 플루아

gasto superfluo 쓸데없는 낭비
가스또 수뻬르플루오

sur 형 남쪽의. 명 남, 남쪽
수르

suspirar 자 한숨을 쉬다
수스삐라르

suspiro 명 한숨
수스삐로

susto 명 놀라움
수스또

supermercado 명 슈퍼마켓
수뻬르메르까도

suponer 타 추측하다, 가정하다, 상상하다
수뽀네르

supuesto, ta 형 가정의, 가상의
수뿌에스또, 따

por supuesto 물론(입니다)
뽀르 수뿌에스또

suyo, ya
수요, 야 형 그[그녀, 당신, 그들, 그녀들, 당신들]의.
대 그[그녀, 당신, 그들, 그녀들, 당신들]의 것

tabaco 따바꼬	남 ((식물)) 담배	taller 따에르	남 공장, 아틀리에
taberna 따베르나	여 주점, 술집	tamaño 따마뇨	남 크기, 사이즈
tabla 따블라	여 판, 판자	también 땀비엔	부 역시, …도
¿Qué tal? 께 딸	어떻게 지내느냐?	tambor 땀보르	남 북
talento 딸렌또	남 재능, 능력	tan 딴	부 그렇게

tacaño, ña 형 인색한. 남여 인색한 사람
따까뇨, 냐

tal   형 그러한, 그와 같은. 부 그렇게, 그런 식으로
딸

talla   여 크기, 사이즈; 신장(身長)
따야

tamaño grande   큰 사이즈, 대(大)
따마뇨 그란데

tamaño mediano   중간 사이즈, 중(中)
따마뇨 메디아노

tamaño pequeño   작은 사이즈, 소(小)
따마뇨 뻬께뇨

tampoco   부 역시 …이 아니다
땀뽀꼬

tango 땅고	남 탱고	tapia 따삐아	여 담, 벽
tanque 땅께	남 탱크	tarde 따르데	부 늦게. 여 오후
tapa 따빠	여 뚜껑; 표지	de la tarde 델 라 따르데	오후(의)
tapar 따빠르	타 덮다	por la tarde 뽀르 라 따르데	오후에

tanto, ta   형 그렇게 많은. 부 그렇게 많이
딴또, 따

tañer   자타 (악기를) 켜다, 울리다(tocar)
따녜르

taquilla   여 표 파는 곳, 매표소
따끼야

taquillero, ra   남여 표 파는 사람, 매표원
따끼예로, 라

tardar   자 시간이 걸리다, 늦어지다
따르다르

tardar en + 동사 원형   …하는데 시간이 걸리다
따르다르 엔

¿Cuánto se tarda de Seúl a Madrid en avión?
꾸안또 세 따르다 데 세울 아 마드릳 엔 아비온
  서울에서 마드리드까지 비행기로 시간이 얼마나 걸립니까?

Es muy tarde   시간이 많이 늦었다
에스 무이 따르데

tardío, a 따르디오, 아	형 늦은	tarro 따르로	남 캉통
tarea 따레아	여 일(trabajo)	taxi 딱시	남 택시
tarifa 따리파	여 요금, 요금표	taxi libre 딱시 리브레	빈 택시
tarjeta 따르헤따	여 카드, 엽서, 명함	en taxi 엔 딱시	택시로
tarjeta de visita 따르헤따 데 비씨따	명함	taxista 딱시스따	남여 택시 기사

tarjeta de crédito 신용 카드
따르헤따 데 끄레디또

tarjeta de teléfono 전화카드
따르헤따 데 뗄레포노

un tarro de mermelada 잼 한 통
운 따르로 데 메르멜라다

parada de taxis 택시 정류소
빠라다 데 딱시스

Vamos a tomar un taxi 택시를 탑시다
바모스 아 또마르 운 딱시

una taza de café 커피 한 잔
우나 따사 데 까페

Otra taza, por favor 한 잔 더 부탁합니다
오뜨라 따사 뽀르 파보르

taza 여 잔 따사	tecnología 여 과학 기술 떽놀로히아
te 대 너를, 너에게	teja 여 기와 떼하
té 남 차, 홍차 떼	tejido 남 직물 떼히도
teatro 남 극장, 연극(drama) 떼아뜨로	tela 여 천 뗄라
techo 남 천장(天障) 떼초	teléfono 남 전화, 전화기 뗄레포노
técnica 여 기술 떼끄니까	teléfono móvil 휴대전화 뗄레포노 모빌

Yo te amo 나는 당신을 사랑한다
요 떼 아모

Te presento a mi amiga, Luisa
떼 쁘레센또 아 미 아미가 루이사
　　　　　　　내 친구 루이사를 너에게 소개한다

Me alegro de verte 너를 만나니 기쁘다
메 알레그로 데 베르떼

ir al teatro 오페라 구경 가다
이르 알 떼아뜨로

técnico, ca 형 기술적인. 남여 기술자
떼끄니꼬, 까

telefonear 자 전화를 걸다, 전화하다
뗄레포네아르

telegrama 뗄레그라마	남 전보	tempestad 뗌뻬스딷	여 폭풍우
televisión 뗄레비씨온	여 텔레비전	templo 뗌쁠로	남 신전, 사원
televisor 뗄레비소르	남 텔레비전 세트	temporada 뗌보라다	여 계절, 시기
tema 떼마	남 테마, 주제	temporada alta 뗌뽀라다 알따	성수기
temperamento 뗌뻬라멘또	남 기질	temporada baja 뗌뽀라다 바하	비수기

teléfono celular ((중남미)) 휴대전화
뗄레포노 쎌룰라르

teléfono público 공중 전화
뗄레포노 뿌블리꼬

llamar por teléfono 전화하다, 전화를 걸다
야마르 뽀르 뗄레포노

temer 통 두려워하다, 걱정하다
떼메르

temperatura 여 온도, 기온; 체온
뗌뻬라뚜라

templado, da 형 따뜻한, 온난한
뗌쁠라도, 다

temporada de lluvias 우기
뗌뽀라다 데 유비아스

temprano 형 이른. 부 일찍
뗌쁘라노

tenis 남 테니스, 정구
떼니스

tender 자타 넓히다, 내뻗다
뗀데르

teoría 여 이론
떼오리아

tenedor 남 포크
떼네도르

terminal 여 터미널
떼르미날

temporal 형 일시적인; 임시의
뗌뽀랄

Es muy temprano 시간이 매우 이르다
에스 무이 뗌쁘라노

tener 타 가지다, 가지고 있다
떼네르

tener que + 동사 원형 …해야 한다, 하지 않으면 안 된다
떼네르 께

Tengo que ir de compras 나는 쇼핑 가야 한다
뗑고 께 이르 데 꼼쁘라스

tercer 형 셋째의 (남성 단수 명사 앞에서 o 탈락형)
떼르세르

tercero, ra 형 셋째의, 세 번째의. 남 셋째; 3분의 1, 제삼자
떼르세로, 라

terminal de autobuses 버스 터미널
떼르미나르 데 아우또부스

terminar 타 끝내다. 자 끝나다
떼르미나르

ternera 여 송아지 고기 떼르네라	**textil** 형 직물의, 방직의 떽스띨
terraza 여 테라스 떼라사	**texto** 남 본문(本文) 떽스또
terreno 남 땅, 흙; 토지 떼레노	**a tiempo** 제시간에 아 띠엠뽀
tesis 여 논문 떼씨스	**ti** 대 너 (전치사 다음에서) 띠
tesoro 남 보물 떼소로	**tibio, bia** 형 미지근한 띠비오, 비아
testigo 남여 증인; 목격자 떼스띠고	**tiempo** 남 시간; 시기; 날씨 띠엠뽀
testimonio 남 증언, 증거 떼스띠모니오	**tienda** 여 천막; 가게, 상점 띠엔다
terminarse 떼르미나르세	재귀 끝나다, 끝내다
termómetro 떼르모메뜨로	남 온도계, 체온계
fábrica textil 파브리까 떽스띨	직물 공장, 방직 공장
tiempo 띠엠뽀	남 때, 시간; 날씨, 일기
Hace buen tiempo 아쎄 부엔 띠엠뽀	날씨가 좋다

tigre 띠그레	남 호랑이	vino tinto 비노 띤또	적포도주
tijeras 띠헤라스	여복 가위	tipo 띠뽀	남 형, 타입, 종류
tinta 띤따	여 잉크	título 띠뚤로	남 제명, 칭호, 자격

Hace mal tiempo   날씨가 나쁘다
아쎄 말 띠엠뽀

tierra   여 땅, 흙, 뭍, 육지, 지구
띠에롸

timbre   남 초인종; 수입 인지
띰브레

tintar   타 염색하다, 물들이다
띤따르

tinto, ta   형 포도주 빛깔의. 남 적포도주
띤또, 따

tintorería   여 염색소, 세탁소
띤또레리아

tío, a   남여 삼촌, 숙모; 아저씨, 아주머니
띠오, 아

típico, ca   형 특이한, 특색 있는, 특유의
띠삐꼬, 까

típica bota   특이한 가죽 술자루
띠삐까 보따

tiza 여 분필 띠사	todo el día 온종일 또도 엘 디아
tocador 남 화장대; 화장실 또까도르	toda la noche 밤새도록 또다 라 노체
No toque 만지지 마세요 노 또께	sobre todo 더욱이, 특히 소브레 또도
todavía 부 아직 또다비아	tomar el sol 일광욕하다 또마르 엘 솔

tocadiscos 남 레코드플레이어
또까디스꼬스

tocar 자타 닿다, 만지다; (악기를) 연주하다
또까르

tocar el piano 피아노를 연주하다
또까르 엘 삐아노

Todavía no es hora 아직 시간이 안 되었다
또다비아 노 에스 오라

todo, da 형 모든. 대 모두, 모든 것[일].
또도, 다

todos los días 매일, 날마다
또도스 로스 디아스

todas las noches 매일 밤, 밤마다
또다스 라스 노체스

toledano, na 남여 톨레도 사람
똘레다노, 나

tomate 또마떼	냡 토마토	**torear** 또레아르	자 투우하다

tomar
또마르
타 잡다, 붙잡다, 먹다, 마시다, 취하다; (탈것을) 타다

tomar el avión   비행기를 타다
또마르 엘 아비온

tomar el autobús   버스를 타다
또마르 엘 아우또부스

tomar el metro   지하철을 타다
또마르 엘 메뜨로

tomar el taxi   택시를 타다
또마르 엘 딱씨

tomar el tren   기차를 타다
또마르 엘 뜨렌

tomar tierra en   …에 착륙하다
또마르 띠에라 엔

zumo de tomate   토마토 주스
쑤모 데 또마떼

tontería   여 어리석은 일, 바보 짓
똔떼리아

tonto, ta
똔또, 따
형 어리석은, 멍청한, 바보 같은. 남여 바보, 멍청이

torero 또레로	남 투우	tortuga 또르뚜가	여 거북
tormenta 또르멘따	여 폭풍우	tos 또스	여 기침
toro 또로	남 황소. 복 투우	toser 또세르	자 기침하다
plaza de toros 쁠라사 데 또로스	투우장	tostada 또스따다	여 토스트 (빵)
torre 또레	여 탑	tostar 또스따르	타 굽다

torcer
또르쎄르
자타 구부리다, 비틀다, 굽어지다, 돌다

Tuerza a la derecha
뚜에르사 알 라 데레차
오른쪽으로 도십시오

Tuerza a la izquierda
뚜에루사 알 라 이스끼에르다
왼쪽으로 도십시오

corrida de toros
꼬뤼다 데 또로스
투우 (경기)

tortilla
또르띠야
여 오믈렛; (중남미) 또르띠야

total
또딸
형 전체의, 전부의. 남 합계, 총액

trabajador, ra
뜨라바하도르, 라
남여 일꾼, 노동자

tradición 뜨라디씨온	여 전설, 전통
traducción 뜨라둑씨온	여 번역
traducir 뜨라두씨르	동 번역하다
traer 뜨라에르	타 가져오다, 데려오다
tráfico 뜨라피꼬	남 교통, 교통량
tragedia 뜨라헤디아	여 비극
traje 뜨라헤	남 옷, 의복, 복장
traje de baño 뜨라헤 데 바뇨	해수욕복
trampa 뜨람빠	여 덫, 함정
tranquilizar 뜨랑낄리싸르	타 안심시키다
tranquilo, la 뜨랑낄로, 라	형 고요한
transporte 뜨란스뽀르떼	남 운반, 운송
trabajar 뜨라바하르	자타 일하다, 근무하다
trabajo 뜨라바호	남 일, 노동; 일터, 직장
tradicional 뜨라디씨오날	형 전설의, 전통적인
transbordador 뜨란스보르다도르	남 페리 보트
transatlántico 뜨란사뜨란띠꼬	남 대서양 항로선
transferencia 뜨란스페렌씨아	여 대체(對替)

tranvía 뜨람비아	남 전차	tratado 뜨라따도	남 조약
tras 뜨라스	전 …의 뒤에	tren 뜨렌	남 기차, 열차

transferir 뜨란스페리르   타 대체(對替)하다

transportar 뜨란스뽀르따르   타 운반하다, 운송하다

tratamiento 뜨라따미엔또   남 취급; 대우; 경칭; 처리

tratar 뜨라따르   타 취급하다, 대우하다

tratar de + 동사 원형 뜨라따르 데   …하려고 애쓰다

tratar de + 「명사」 뜨라따르 데   …을 대하다, 다루다

trece 뜨레세   형 13의; 13번째의. 남 13, 열셋

treinta 뜨레인따   형 30의, 30번째의. 남 30, 서른

en tren 엔 뜨렌   열차로, 열차를 타고

tres 뜨레스   형 3의; 셋째의, 세 번째의. 남 3, 셋

tresillo 뜨레씨요 남 응접 세트	**triunfo** 뜨리운포 남 승리, 개선
triángulo 뜨리앙굴로 남 삼각형	**tronar** 뜨로나르 자 천둥이 치다
tribunal 뜨리부날 남 재판소, 법원	**tropa** 뜨로빠 여 군대
tribunal supremo 대법원 뜨리부날 수쁘레모	**tropical** 뜨로삐깔 형 열대의
trigo 뜨리고 남 밀	**trucha** 뚜루차 여 ((어류)) 송어
harina de trigo 밀가루 아리나 데 뜨리고	**trueno** 뜨루에노 남 천둥
triste 뜨리스떼 형 슬픈	**tu** 뚜 형 너의
tristeza 뜨리스떼사 여 슬픔	**tú** 뚜 대 너, 당신, 자네
triunfal 뜨리운팔 형 승리의, 개선의	**tumbarse** 뚬바르세 재귀 드러눕다

trescientos, tas 형 300의; 300번째의. 남 300, 삼백
뜨레스씨엔또스, 따스

trimestre 뜨리메스뜨레   남 3개월간; (3학기제의) 1학기

tumbar 뚬바르   타 쓰러뜨리다, 넘어뜨리다

túnel 뚜넬	명 터널	tutor, ra 뚜또르, 라	명여 후견인

turismo 뚜리스모   명 관광

turista 뚜리스다   명여 관광객. 형 관광의

tutear 뚜떼아르   타 말을 놓다, 친하게 지내다

Vamos a tutear
바모스 아 뚜떼아르   말 놓고 지냅시다

tuyo, ya
뚜요, 야   형 너의. 대 너의 것

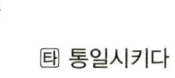

por último 뽀르 울띠모	마지막으로
un, una 운, 우나	관 하나의, 어떤
único, ca 우니꼬, 까	형 유일한
unidad 우니닫	여 단위
unificación 우니피까씨온	여 통일
unificar 우니피까르	타 통일시키다
uniforme 우니포르메	남 제복, 유니폼
unir 우니르	타 합하다
unirse 우니르세	재귀 합해지다
universidad 우니베르씨닫	여 대학교
último, ma 울띠모, 마	형 마지막의, 최후의
undécimo, ma 운데씨모, 마	형 열한째의. 남 열한째; 11분의 1
unión 우니온	여 결합, 단결; 동맹; 조합
universal 우니베르살	형 보편적인; 전세계의
universitario, ria 우니베르씨따리오, 리아	형 대학교의. 남여 대학생
ciudad universitaria 씨우닫 우니베르씨따리아	대학촌

universo 남 우주; 세계 우니베르소	usar 타 사용하다 우사르
uno 형 하나의. 남 1, 하나 우노	uso 남 사용 우소
uña 여 손톱, 발톱 우냐	usted 대 당신, 귀하 우스뗄
urbano, na 형 도시의 우르바노, 나	utensilio 남 기구, 도구 우뗀씰리오
urgencia 여 긴급 우르헨씨아	útil 형 유익한 우띨
Uruguay ((국명)) 우루과이 우루구아이	uva 여 포도 우바

estudiante universitario 대학생
에스뚜디안떼 우니베르씨따리오

urgente 형 급한, 화급을 다투는
우르헨떼

uruguayo, ya 형 우루과이의. 남여 우루과이 사람
우루구아요, 야

utilidad 여 유용성; 실리; 이익
우띨리닫

utilizar 타 이용하다, 활용하다
우띨리사르

| vaca
바까 | 여 암소 |

carne de vaca 쇠고기
까르네 데 바까

| vacante
바깐떼 | 형 빈 |

| vaciar
바씨아르 | 타 비우다 |

| vacío, a
바씨오, 아 | 형 빈 |

vacaciones 여복 휴가, 방학
바까씨오네스

vacaciones de invierno 겨울 휴가, 겨울 방학
바까씨오네스 데 임비에르노

vacaciones de verano 여름 휴가, 여름 방학
바까씨오네스 데 베라노

valer 자 가치가 있다, 가격이 …이다
발레르

¿Cuánto vale esto? 이것은 얼마입니까?
꽌또 발레 에스또

| vacuna
바꾸나 | 여 백신 |

| vagabundo, da
바가분도, 다 | 형 방랑의 |

| vago, ga
바고, 가 | 형 막연한 |

| vagón
바곤 | 남 차량 |

| vajilla
바히야 | 여 식기, 그릇 |

| válido, da
발리도, 다 | 형 유효한 |

| valiente
발리엔떼 | 형 용감한 |

valla 바야	여 담장, 울타리	vaquero 바께로	남 카우보이
valle 바예	남 골짜기	vara 바라	여 회초리
válvula 발불라	여 밸브	variable 바리아블레	형 변화할 수 있는
vanguardia 방구아르디아	여 전위	variación 바리아씨온	여 변화
vanidad 바니닫	여 허영심	variar 바리아르	타 변화시키다
vano, na 바노, 나	형 헛된, 무익한	variedad 바리에닫	여 다양성; 종류
vapor 바뽀르	남 증기, 수증기	varias noches 바리아스 노체스	여러 날 밤

   valioso, sa 발리오소, 사   형 귀중한; 고가의

   valor 발로르   남 가치, 가격, 값; 용기

   vanidoso, sa 바니도소, 사   형 허영심이 많은

   variado, da 바리아도, 다   형 변화가 풍부한

   vario, ria 바리오, 리아   형 다양한; 몇 개의

varios libros 여러 권의 책 바리오스 리브로스	**vasto, ta** 냅 광대한 바스또, 따
varón 냅 남자 바론	**veda** 여 금렵기, 금어기 베다
vascuense 냅 바스크 말 바스꾸엔세	**vegetación** 여 ((집합)) 식물 베헤따씨온
vasija 여 용기, 그릇 바씨하	**vehículo** 냅 차량, 차 베히꿀로
vaso 냅 잔, 컵 바소	**vejez** 여 노년, 노년기 베헤스
un vaso de agua 물 한 잔 움 바소 데 아구아	**vela** 여 철야 벨라

vasco, ca 형 바스크의. 남여 바스크 사람
바스꼬, 까

vecino, na 형 이웃의. 남여 이웃 사람
베씨노, 나

vegetal 형 식물의, 식물성의. 냅 식물
베헤딸

vehemente 형 격렬한, 맹렬한
베에멘떼

veinte 형 20의; 20번째의. 냅 20, 스물
베인떼

veinticinco 형 25의; 25번째의. 냅 25, 스물 다섯
베인띠씽꼬

velar 베라르	자 철야하다	vello 베요	남 체모
velocidad 벨로씨닫	여 속도, 속력	vena 베나	여 정맥; 광맥
veloz 벨로스	형 빠른, 신속한	venda 벤다	여 붕대

veinticuatro 형 24의; 24번째의. 남 24, 스물넷
베인띠꾸아르또

veintidós 형 22의; 22번째의. 남 22, 스물둘
베인띠도스

veintinueve 형 29의; 29번째의. 남 29, 스물아홉
베인띠누에베

veintiocho 형 28의; 28번째의. 남 28, 스물여덟
베인디오초

veintiséis 형 26의; 26번째의. 남 26, 스물여섯
베인띠세이스

veintisiete 형 27의; 27번째의. 남 27, 스물일곱
베인띠씨에떼

veintitrés 형 23의; 23번째의. 남 23, 스물셋
베인띠뜨레스

vencer 타 이기다, 승리하다; 무찌르다; 극복하다
벤쎄르

vencido, da 형 패한; 기한이 다된. 남여 패자
벤씨도, 다

vendar 벤다르	타 붕대를 감다	vengar 벵가르	타 복수하다
vender 벤데르	타 팔다	venir 베니르	자 오다
Se vende 세 벤데	팝니다	Ven acá 벤 아까	이리 오너라
veneno 베네노	남 독, 독물	venta 벤따	여 판매
venenoso, sa 베네노소, 사	형 유독한	ventaja 벤따하	여 판매; 우위
venganza 벵간사	여 복수, 보복	ventana 벤따나	여 창문

vendedor, ra　　　　　　남여 판매원, 점원, 외판원
벤데도르, 라

venerar　　　　　　　　타 존경하다; 숭배하다
베네라르

venozolano, na 형 베네수엘라의. 남여 베네수엘라 사람
베네솔라노, 나

Venezuela　　　　　　　　((국명)) 베네수엘라
베네수엘라

Venga acá　　　　　　　이리[이쪽으로] 오십시오
벵가 아까

ventanilla　　　　　여 창구; (열차 등의) 창, 창문
벤따니야

ventilar 벤띠라르	태 환기시키다	veras 베라스	여복 진실, 진심
ventura 벤뚜라	여 행운; 우연	verbal 베르발	형 구두의; 동사의
ver 베르	태 보다, 만나다	verbo 베르보	남 동사
verse 베르세	재귀 보이다; 있다	verbo reflexivo 베르보 뢰플렉씨보	재귀 동사
veranear 베라네아르	자 피서 가다	verdad 베르닫	여 사실, 진실
veraneo 베라네오	남 피서	fruta verde 프루따 베르데	풋과실
verano 베라노	남 여름	verdura 베르두라	여 야채, 채소

ventilador
벤띨라도르
남 선풍기; 환기 장치

Quiero verte
끼에로 베르떼
너를 보고 싶다

de veras
데 베라스
진심으로, 진정으로, 실로

verdaderamente
베르다데라멘떼
부 진짜로, 진실로

verdadero, ra
베르다데로, 라
형 진실의, 사실의

verso 베르소	남 시, 시구(詩句)
vertical 베르띠깔	형 수직의
verticalmente 베르띠깔멘떼	부 수직으로
vestíbulo 베스띠불로	남 현관
verde 베르데	형 녹색의, 풋. 남 녹색
vergonzoso, sa 베르곤소소, 사	형 수치스러운
vergüenza 베르구엔사	여 수치, 부끄러움
tener vergüenza 떼네르 베르구엔사	수치스럽다, 부끄럽다
versificar 베르시피까르	타 실증하다; 실행하다
versión 베르씨온	여 해석; 번역; …판(版)
vestido violeta 베스띠도 비올레따	보랏빛 드레스
veterano, na 베떼라노, 나	형 노련한. 남여 베테랑
vestido 베스띠도	남 드레스
vestir 베스띠르	타 옷을 입히다
vestirse 베스띠르세	재귀 옷을 입다
vez 베스	여 배, 번

a veces 아 베쎄스	가끔, 이따금	**viajar** 비아하르	자 여행하다
de vez en cuando 데 베스 엔 꾸안도	때때로	**viaje** 비아헤	남 여행
otra vez 오뜨라 베스	다시, 또 한번	**vicisitud** 비시시뚣	여 변천
tal vez 딸 베스	아마(quizás)	**víctima** 빅띠마	여 희생, 희생자
vía 비아	여 길; 노선; 경유	**victoria** 빅또리아	여 승리
viajante 비아한떼	남여 세일즈맨	**victorioso, sa** 빅또리오소, 사	형 승리의

   de una vez
   데 우나 베스   단숨에, 빨리, 한번에

   viajar por Europa
   비아하르 뽀르 에스빠냐   유럽을 여행하다

   ¡Buen viaje! 잘 가세요, 안녕히 가세요, 잘 다녀오세요
   부엔 비아헤

   viajero, ra
   비아헤로, 라   남여 여행가, 여행자

   vicio
   비씨오   남 악습, 악벽, 악덕; 결함

   vicioso, sa   형 악습의, 악벽의; 결함이 있는
   비씨오소, 사

vid 빋	여 포도나무	vigilar 비힐라르	타 감시하다
viento 비엔또	남 바람	vigor 비고르	남 활력; 효력
vientre 비엔뜨레	남 배, 복부	vigoroso, sa 비고로소, 사	형 활력 있는
viernes 비에르네스	남 금요일	vil 빌	형 비열한
viga 비가	여 대들보	villa 비야	여 별장
vigilante 비힐란떼	남 경비원, 야경	vinagre 비나그레	남 식초

vida
비다
여 인생, 일생, 생명, 생활

ganarse la vida
가나르세 라 비다
생계를 꾸리다

viejo, ja
비에호, 하
형 낡은, 헌; 늙은. 남여 노인, 노파

Hace viento fuerte
아쎄 비엔또 푸에르떼
강풍이 분다

vigente
비헨떼
형 효력이 있는; 현행의

villancico
비얀씨꼬
남 크리스마스 캐롤

vino 비노	남 술, 포도주
vino blanco 비노 블랑꼬	백포도주
vino tinto 비노 띤또	적포도주
viña 비냐	여 포도밭, 포도원
violencia 비올렌씨아	여 폭력; 맹렬함
vínculo 빙꿀로	남 연결, 인연, 유대
violación 비올라씨온	여 위반; 침해; 부녀 폭행
violar 비올라르	타 위반하다; 침해하다; 강간하다
violeta 비올레따	형 보랏빛의, 보라색의
color violeta 꼴로르 비올레따	보랏빛, 보라색
virgen 비르헨	형 처녀의; 미사용의. 여 처녀
virtud 비르뚣	여 덕, 미덕; 효력, 능력
violento, ta 비올렌또, 따	형 난폭한
violín 비올린	남 바이올린
la Virgen 라 비르헨	성모
visa 비사	여 ((중남미)) 사증, 비자
visado 비사도	남 사증, 비자

visible 형 보이는; 명백한 비씨블레	**vital** 형 생명의; 중대한 비딸
visita 여 방문; 방문객 비씨따	**vitalicio, cia** 형 종신의 비딸리씨오, 씨아
hacer una visita 방문하다 아쎄르 우나 비씨따	**vitamina** 여 비타민 비따미나
punto de vista 견지, 관점 뿐또 데 비스따	**vitrina** 여 쇼윈도 비뜨리나
vistazo 남 힐끗 보기 비스따쏘	**víveres** 남복 식량 비베레스
visual 형 시각(視覺)의 비수알	**vivienda** 여 주택; 주거 비비엔다
visión 비씨온	여 시각, 시력; 전망; 환영
visitante 비씨딴떼	남여 방문객, 방문자
visitar 비씨따르	타 방문하다, 문병하다
vista 비스따	여 시각, 시력; 외견; 전망
echar un vistazo 에차르 운 비스따쏘	힐끗 보다, 잠깐 보다
viudo, da 비우도, 다	남여 홀아비, 과부, 미망인

vivir 자 살다, 생활하다 비비르	volante 남 핸들, 운전대 볼란떼
¡Viva Corea! 한국 만세! 비바 꼬레아	volcán 남 화산 볼깐
vocablo 남 단어, 어휘 보까블로	volver a casa 귀가하다 볼베르 아 까사
vocación 여 천직; 자질 보까씨온	voraz 형 대식의; 탐욕스런 보라스

¿Dónde vive usted? — 어디 사십니까?
돈데 비베 우스뗃

Vivo en México — 나는 멕시코에서 삽니다
비보 엔 메히꼬

vivo — 형 살아 있는, 생명이 있는
비보

vocabulario — 남 어휘, 어휘집
보까불라리오

volar — 자타 나르다, 날다, 비행하다
볼라르

volcar — 타 뒤집다, 전복시키다
볼까르

volumen — 남 (책의) 권; 양; 체적; 음량
볼루멘

voluntad — 여 의지, 의욕; 의향
볼룬딷

vosotros, tras 보소뜨로스, 뜨라스	때 너희들	**en voz alta** 엔 보스 알따	큰 소리로
votar 보따르	자 투표하다	**en voz baja** 엔 보스 바하	작은 소리로
voz 보스	여 목소리; ((문법)) 태	**vuestro, tra** 부에스뜨로, 뜨라	형 너희들의

voluntario, ria 형 자발적인. 남여 지원병, 지원자
볼룬따리오, 리아

volver 자 돌아가다, 돌아오다
볼베르

volver a + 동사 원형 다시 …하다
볼베르 아

vomitar 타 토하다, 구토하다
보미따르

voto 남 투표, 표; ((종교)) 서원
보또

Voz de pueblo, voz de Dios 인민의 소리는 하늘의 소리
보스 데 뿌에블로, 보스 데 디오스

vuelo 남 비행(飛行); (비행기의) 편
부엘로

vuelta 여 거스름돈; 회전, 귀환
부엘따

dar una vuelta 한바퀴 돌다
다르 우나 부엘따

vulgar 형 통속적인
불가르

   La vuelta para usted   거스름돈 필요없습니다
   라 부엘따 빠라 우스뗃

   Quiero dar una vuelta   구경 좀 하겠습니다
   끼에로 다르 우나 부엘따

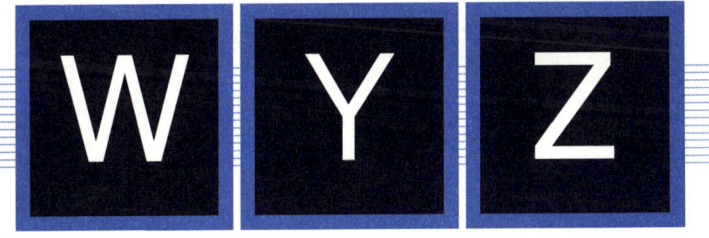

watt 왓	남 와트
web 웹	남 웹
whisky 위스끼	남 위스키
winchéster 윈체스떼르	남 연발총

y 이	접 와, 과, 그리고; 그러면
ya 야	부 이미, 벌써
yacer 야쎄르	자 눕다, 잠들다
yacimiento 야씨미엔또	남 광상, 광맥
yate 야떼	남 요트
yegua 예구아	여 암말
yema 예마	여 달걀 노른자위
yerno 예르노	남 사위

Ya es hora
야 에스 오라   벌써 시간이 다 됐다

yendo
엔도   가면서 (ir 동사의 현재 분사)

yeso 예소	남 석고	**Z**
yo 요	나	
yugo 유고	남 멍에; 속박	zafiro 남 사파이어 사피로
		zaga 여 후부(後部) 사가
		zaguán 남 현관 사구안
		zanahoria 여 ((식물)) 당근 사나오리아
		zanja 여 도랑 상하
		zapatilla 여 슬리퍼 사빠띠야

Yo te espero   나는 너를 기다린다
요 떼 에스뻬로

zambullirse   재귀 물에 뛰어들다
삼부이르세

zapatería   여 양화점; 구두 수선소
싸빠떼리아

zapatero, ra   남여 양화점 주인, 구두 수선공
싸빠떼로, 라

zapato 싸빠또	남 구두	parque zoológico 빠르께 소올로히꼬	동물원
zinc 씽	남 아연, 양철	zoólogo, ga 소올로고, 가	남여 동물학자
zoología 소올로히아	여 동물학	zorro, rra 소르로, 르라	남여 여우
zoológico, ca 소올로히꼬, 까	형 동물학의	zumo 쑤모	남 즙, 주스

Ponte los zapatos
뽄떼 로스 사빠또스
구두를 신어라

Quítate los zapatos
끼따떼 로스 사빠또스
구두를 벗어라

zarpar
사르빠르
자 출범하다; 닻을 올리다

zarzuela
사르수엘라
여 사르수엘라 (스페인의 가극)

zona
소나
여 지역, 지대, 지구, 구역

zumbar
쑴바르
자 (귀가) 울리다, 멍하다

Me zumban mucho los oídos
메 쑴반 무초 로스 오이도스
귀가 많이 울린다

zumo de naranja
쑤모 데 나랑하
오렌지 즙[주스]

zurcir 쓰르씨르 — 타 꿰매다, 깁다

zurdo, da 수르도, 다 — 형 왼손잡이의. 남여 왼손잡이